〈ヤンチャな子ら〉のエスノグラフィー

ヤンキーの生活世界を描き出す

知念渉
Chinen Ayumu

青弓社

〈ヤンチャな子ら〉のエスノグラフィー——ヤンキーの生活世界を描き出す　目次

カバー写真——鈴木育郎 [『解業』(赤々舎、二〇一五年)から]
装丁——Malpu Design [清水良洋]

序章 〈ヤンチャな子ら〉のエスノグラフィーに向けて

1 巷にあふれる「ヤンキー語り」と調査の不在

二〇一四年、「マイルドヤンキー」という言葉が新語・流行語大賞にノミネートされた。「マイルドヤンキー」は、マーケティング調査をおこなってきた原田曜平が『ヤンキー経済』のなかで提唱した言葉で、かつてのヤンキーよりも中身も見た目も「マイルド」になっていて、「上「京」志向がなく、地元で強固な人間関係と生活基盤を構築し、地元から出たがらない若者たち[1]」を意味している。このことは、もともと関東の「ツッパリ」に対して関西特有の言葉として位置づけられていた「ヤンキー」が、近年では全国で一般化していることを象徴する出来事だった。

この『ヤンキー経済』をはじめ、二〇〇〇年代後半以降、『ヤンキー文化論序説』『ヤンキー進化論』『世界が土曜の夜の夢ならば』『ヤンキー人類学[2]』のように、ヤンキーに関する批評的な書籍が相次いで出版されてきた。マンガや雑誌も含めれば、近年出版されたヤンキーに関わる書籍は膨大な数になるはずだ。

その一端を新聞記事の推移から確認してみよう。図1は、一九八五年から二〇一五年までの三十年間に「ヤンキー」という言葉を含む記事の数がどう推移するのかを示している[3]。参考のために、主に関東で類似の意味で使われていた「ツッパリ」という言葉を含む記事数の推移も示した。図1を見ると、「ツッパリ」の記事数は一九八七年をピークに近年では低迷している一方、「ヤンキー」の記事数は二〇〇一年以降に大きく増加していることがわかる。記事の内容を確認してみると、その背景には「ヤンキー先生」や「マイルドヤンキー」といった一時の流行、先述したようなヤンキーに関する批評的な書籍の出版があったようである。

ヤンキーという言葉からどのような若者を想像するかは人によって異なるかもしれないが――変形させた学生服にリーゼントを思い浮かべる人もいれば、「チーマー」や「ギャル（男）」をイメージする人もいるだろう――、ヤンキーについて「時代遅れ」や「田舎《いなか》」「ダサい」というイメージをもつ人は少なくないだろう。しかしそうしたイメージとは裏腹に、二〇〇〇年代以降の日本社会はヤンキーについて饒舌に語る社会になっているのである。

ところが、このように「ヤンキー語り」が巷にあふれているにもかかわらず、ヤンキーについての学術的な調査研究がこれまで十分に蓄積されてきたとは言いがたい。飯田豊は、『ヤンキー文化論序説』や『ヤンキー進化論』が出版された二〇〇九年以降の状況について次のようにいう。

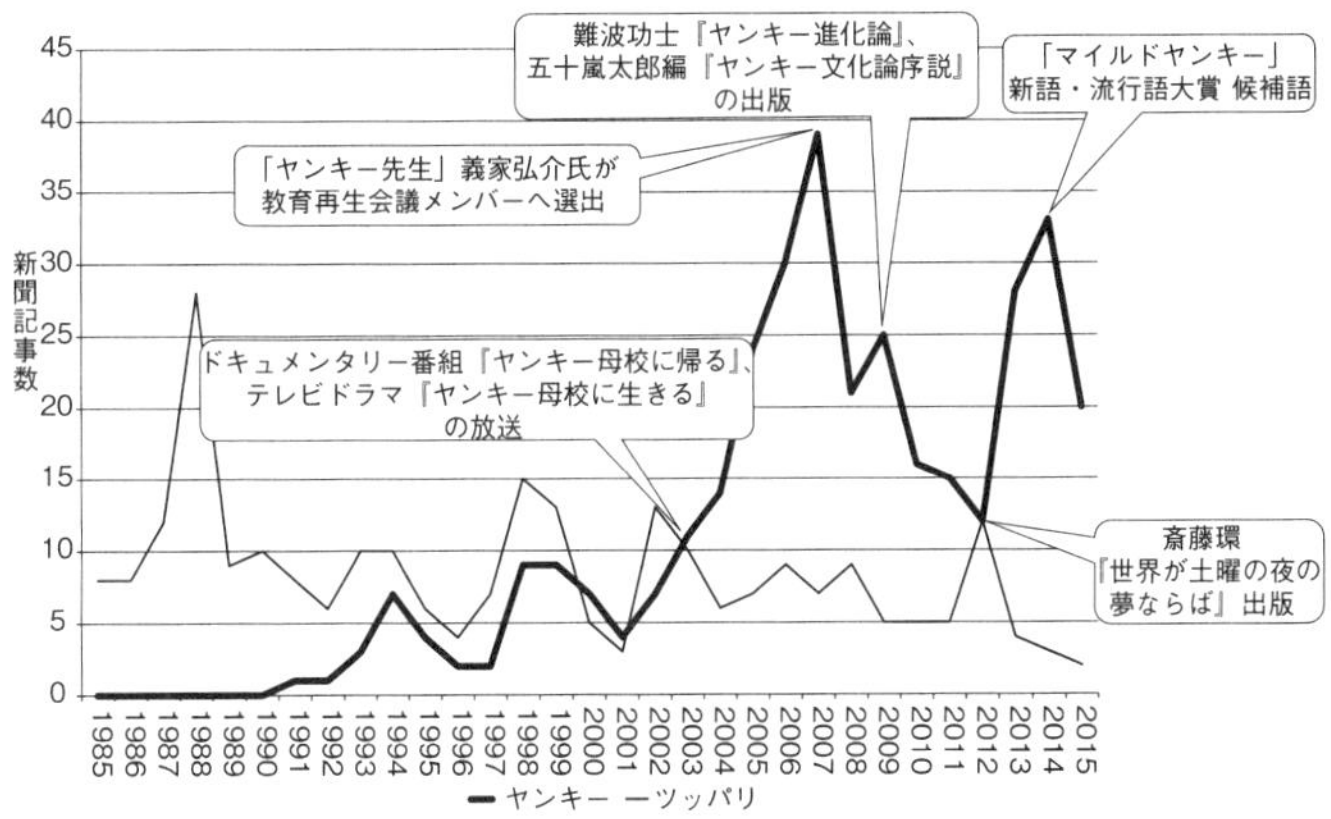

図1　「ヤンキー」「ツッパリ」に関する記事数の経年推移
（出典：朝日新聞記事データベース「聞蔵Ⅱビジュアル」から筆者作成）

たしかにその後も、読み物として面白い「ヤンキー語り」は数多く目にしてきた。それと併せて、ヤンキー文化に関する実証的な調査研究が深まっていくことを期待したが、その点では堂々巡りのまま、五年が経過してしまったという印象が拭えない[4]。

この指摘からさらに数年たった現在でも、ヤンキーに関する実証的な調査研究はほとんど見当たらない。つまり、約十年の間で「ヤンキー語り」は頻繁に見られたにもかかわらず、ヤンキーに実際に会って話を聞いたりその行動を観察したりしてなされた研究はほとんどない状況が続いているのである[5]。

二〇〇九年に大学院に入学した私は、こうした状況に対して非常に歯がゆい思いを抱いていた。そこで、実際にヤンキーを対象にしたエスノグラフィーをおこない、思弁的なヤンキー論や批評にとどまらない経験的な調査研究をまとめようと考えた。エスノグラフィーとは、「未開民族や特定の地域社会などの文化や社会経済組織をはじめとする生活の諸様式について、フィールド調査を通して組織的に描き出す方法およびその成果として書かれるモノグラフ」[6]である。要するに私は、ヤンキーという集団（組織）に、実際に会って、ともに時間を過ごし、話を聞いて、彼らの営みを描き出そうと試みたのである。

その舞台として私が選んだのが、X高校だった。日本の高校は学力ランクに応じて階層化されているため、入学難易度がやさしい高校には、いわゆるヤンキーと呼ばれる若者たちが集中しやすい。私が調査をおこなったX高校は、後述するように、このような高校階層のなかで下位に位置づけられ、学力的にも社会経済的にも「厳しい」生徒たちが入学してくる。そうした高校でエスノグラフィックな調査をおこなうことで、ヤンキーにアプローチしようと考えたのである。実際、X高校で調査を始めると、教師や他の生徒たちから〈ヤンチャな子ら〉と呼ばれる生徒たちと出会うことができた。[7]本書では、私自身が〈ヤンチャな子ら〉とともに時間を過ごして話を聞いた経験（データ）をもとにして、彼らがどのように学校生活を送っているのか、仲間関係をどう結んでいるのか、家族とどのような関係にあるのか、どのように仕事に就いていくのかを描き出す。その意味で本書は、〈ヤンチャな子ら〉を十年近くにわたって追跡して調査した成果をまとめた『〈ヤンチャな子ら〉のエスノグラフィー』なのである。

2 〈ヤンチャな子ら〉を調査・研究する意義

そもそも〈ヤンチャな子ら〉を調査・研究することの意義は何だろうか。私自身がヤンキーに関する調査をしようと考えた背景には、一九九〇年代後半以降の若者たちが置かれている危機的状況がある。まず、それに関する議論を手短にたどってヤンキーを調査・研究する意義を述べておきたい。

一九九〇年代後半から、「フリーター」や「ニート」という言葉に象徴されるように、若年者の非正規雇用率・失業率の高まりが社会問題化し、様々な調査・研究が蓄積されてきた(8)。そうした問題は、「一億総中流社会」と形容されてきた日本社会全体に対する認識を「格差社会」という言葉によって問い直す議論(9)や、「子ども・若者の貧困」といった問題群へと接続していくことになる(10)。つまり、七〇年代から九〇年代にかけて日本の教育研究で扱ってこなかった貧困問題や「教育と社会階層」という問題系(11)が、二〇〇〇年代になって「再発見」されたのである。また、若者研究の文脈に位置づければ、消費者としての若者に焦点を当てた若者論の欠陥が露呈し、若者の労働と生活のうちに存在する問題を明らかにしうるアプローチが求められるようになったといってもいいだろう(12)。

そうした社会的・学術的な動向のなかで「高卒無業者」、「フリーター」や「ニート」、「貧困・生活不安定層」「ノンエリート青年」など、どのようなカテゴリーを用いるかはそのときどきの問題に向けられるまなざしや論者の関心によって様々ではあるが、日本型雇用システム[13]の周辺や外部で生きる若者を対象にした質的研究が数多く蓄積されることになった。その成果としていくつか例を挙げれば、ストリートダンスをする若者たちの地元つながり文化を描いた新谷周平の「ストリートダンスからフリーターへ[14]」、高校卒業後の五年間を追跡しインタビュー調査をおこなった乾彰夫らの『高卒5年 どう生き、これからどう生きるのか[15]』、中位層の大人への移行とは異なる形でなされるノンエリート青年の「なんとかやってゆく世界」を記述する中西新太郎・高山智樹らの『ノンエリート青年の社会空間[16]』、貧困・生活不安定層の「困難で不安定な大人の生活への自然な移り行き」を描く西田芳正の『排除する社会・排除に抗する学校[17]』などがある。これらの研究はほんの一部であり、これら以外にも、「学校から仕事への移行」ないしは「大人への移行」、「子ども・若者の貧困」というテーマのもとで、かなりの数の研究が蓄積されてきた[18]。

これらの研究を詳しく振り返る作業は次章に譲るとして、ここで確認しておきたいのは、以上のような議論の文脈で、ヤンキーは非常に重要な存在になるということだ。なぜなら、彼ら彼女らは、他の者からみれば相対的に社会経済的に厳しい状況にいながらも、そこから抜け出そうとしない、あるいは自発的にそうした状況にとどまっているようにみえるからである。

例えば、学校で真面目に勉強して大学に進学すればいいのに、彼ら彼女らは、なぜ学校の教師に反抗し、社会的に不利な立場（「フリーター」「ニート」「貧困」「ノンエリート」……）に自分を追いやってしまうのだろうかと疑問に思う人もいるかもしれない。そして、だからこそ彼ら彼女らは不利な状況に置かれているのであって、それを「自己責任」だと考える人もいるだろう。また、このような考え方に対して、彼ら彼女らが置かれた家庭環境や社会状況に目を向ければ、そもそも勉強に対する意欲をそがれていたり勉強したくてもできない状況に置かれていたりするのだ、というように、「社会の責任」として「自己責任」論に反論する人もいるだろう。このように、特定の社会問題（例えば若年非正規雇用者の増大、子ども・若者の貧困）が生じる原因が個人にあるのか社会にあるのかという議論を喚起するのが、ヤンキーという存在なのである。

このような問題を考えるうえで不可欠な研究が、イギリスの社会学者ポール・ウィリスの『ハマータウンの野郎ども[19]』だ。ウィリスは「労働者階級の子どもたちはいかに労働者階級の職に就いていくのか？（How working class kids get working class jobs?）」という副題がついたこの本の冒頭で、次のように述べる。

> それ以外に選択の余地はないからだ、と、たんにそういって片づくほど事態は単純ではない。産業活動に必要なマニュアル労働を調達する方法は、社会が異なるにつれて異なっている。一方の極に機関銃をつきつけて輸送用トラックに駆り立てる方式が、もう一方の極に自発的な勤労奉仕軍をイデオロギー的に形成する方式が、それぞれ位置するとすれば、私たちの自由な民主主義社会のやり方はこの中間のどこかにある。つまり、露骨な物理的強制力は用いないで一定程度の自発性に依拠するような方式である[20]。

そしてウィリスは、労働者階級の若者たち＝〈野郎ども〉とともに学校生活を過ごすことで、彼らがマニュアル労働に就いていく過程をエスノグラフィックに記述・分析した。その結果ウィリスが見いだしたのは、労働者階級の子どもたちが自ら進んで労働者階級になっていくという社会的再生産の過程で文化が果たす役割だった。つまり、〈野郎ども〉がマニュアル労働に就いていくのは、「それ以外に選択の余地はないから」では全くなく、彼らは労働者階級の文化に依拠して、教師たちに反抗し、学校の指導の欺瞞性を見抜き、人種差別・女性差別などを織り込みながら、彼らが「男らしい」と考える職業に自ら進んで就いていくのだった。ウィリスの言葉を借りれば、労働者階級の生徒たちは、学校で「彼らなりの試行錯誤を経ながら、学校を超えて広がる階級文化に連なり、独自の解釈を加えながらもその基本線を継承し、発展させる。そしてその導くところに従って、ついにはある特定の職種群を選びとってゆく[21]」というわけである。

次章で詳しく述べるように、社会的再生産の過程における文化の役割に着目したこのウィリスの研究は、前述した日本の「学校から仕事への移行」や「子ども・若者の貧困」に関する研究に大きな影響を与えてきた。本書もその例外ではなく、ウィリスの研究に強く影響を受けている。『ハマータウンの野郎ども』を手がかりにして〈ヤンチャな子ら〉の学校生活とその後の生活を描くことは、現代日本での社会的再生産の一端を描き出すことにつながるのではないか。このように考えて、実際に〈ヤンチャな子ら〉を対象にして調査をおこなうことにしたのである。

3 本書の目的と独自性

本書の目的は、〈ヤンチャな子ら〉が大人になっていく過程を記述・分析し、彼らは親と同じような社会的地位に就いていくのか、就いていくとすれば、どのようにそうなっていくのか、その過程において、ウィリスが見いだしたように文化が重要な役割を果たしているのか、といった問いについて考察し、現代日本の社会的再生産の一端を明らかにすることである。このような問いは、次章で述べるようにこれまで数多くの調査・研究でも追求されてきたが、それらにはない本書の独自性を三点挙げることができる。

第一に、対象者のカテゴリー化に関する点である。これまでの研究では、「フリーター」や「非正規雇用」「子ども・若者の貧困」など、研究者が考察対象とする社会問題によって自らの調査の対象を枠づけてきた。それに対して本書では、そういった一般的・学術的な用語によって枠づけることを一旦やめ、調査をおこなった学校で頻繁に耳にした〈ヤンチャな子ら〉という言葉で対象者たちを呼ぶことにする。というのも、彼らは学校でともに過ごしているものの、彼らのなかには生活保護世帯で育つ者もいればそうでない者もいるし、正規雇用に就く者もいれば非正規雇用者になる者もいて、社会的に一般化された呼び名や学術用語によって彼らにラベルを貼ることが困難だったからである。そして、彼らの生活のなかにある論理や価値観を析出することを目的としていた私にとって、そうした社会的・学術的なラベルと現実の不一致それ自体が、重要なことのように思えた。そこで本書では、次章で述べるように、〈ヤンチャな子ら〉という言葉で対象者をくくりながら、彼らの生活を複数の力学（社会空間、学校空間、メディア・ストリート空間）によって規定されたものとみなして分析する戦略をとる。

第二に、高校一年段階から二十歳代前半までを追跡しているという調査の継続性である。若者たちを長期的に追跡した代表的な研究として、高校卒業後五年間を追跡した乾彰夫らの調査がある。[22]この研究では、高校三年時点でアンケートやインタビューをおこなっているものの、その主眼は卒業後の生活にあり、学校生活を十分に分析できる設計にはなっていない。逆に、学校を舞台にしたエスノグラフィックな研究はこれまでも多数蓄積されているが、それらのほとんどは、学校を離れた後の生活まで生徒を追跡していない。[23]それらに対して私の調査は、高校一年段階から追跡しているため、学校生活で〈ヤンチャな子ら〉の生徒同士の関係、教師との関係が実際にどのように営まれているのかを把握でき、それを学校離脱後の生活と結び付けて分析することも可能になっている。その意味で本書の試みは、「学校から仕事への移行」研究と、生徒文化研究をつなぐものとして位置づけることもできるだろう。また、対象者に高校中退者を含んでいることも、調査の継続性から得られる利点である。

第三に、これは本書の分析が進んでいくなかで明らかになることであり、私自身、調査を始めた段階では気づいていなかったことだが、本書では、〈ヤンチャな子ら〉の内部にある「社会的亀裂」に着目する。例えば『ハマータウンの野郎ども』では、〈野郎ども〉という生徒集団十二人は、同じように学校生活を送り、同じように仕事に就いていくと想定されている。ウィリスは集団内部の同質性に着目していると言い換えることもできるだろう。前述したように、私の調査の出発点にはウィリスの研究があるため、調査を始めた頃は私もそのように想定して〈ヤンチャな子ら〉と関わっていたが、調査を進めていくなかで、〈ヤンチャな子ら〉の同質性だけに着目することの限界がみえてきた。すなわち、〈ヤンチャな子ら〉のなかには、大別して二つの経路を生きる者たちが内包されていて、その二つの経路の間にある「亀裂」は、社会的な力学のなかで生じているのではないかという仮説が生まれてきたのである。そこで本書では、〈ヤンチャな子ら〉という集団のメンバーの同質性だけでなく、内部にある「社会的亀裂」にも着目して分析を展開する。[24]

4　調査の概要

次に、調査の概要を述べておこう。なお、本書に登場する教師・生徒・学校・地域（市町村以下）はすべて仮名であり、分析結果を提示する際に支障をきたさない範囲で情報に変更を加えている場合がある。

この調査は、二〇〇九年九月にX高校でおこなったフィールドワークから始まった。大学院に入学した私は、ヤンキーを対象にした質的調査をおこなって修士論文を執筆しようと考えていた。そうしたときに、大学院の指導教員が主宰する研究会でX高校の実践を報告していた校長に出会い、そこで自分自身の関心を伝えてX高校で調査をおこなうことになった。

X高校は、大阪府にある公立高校で、一九七〇年代に全日制普通科高校として開校され、その後、普通科総合選択制に改編された。調査時点での生徒数は六百人程度（男女の割合はほぼ同数）、教員数は八十人程度である。X高校が立地するY市Z区は社会経済的に厳しい状況に置かれた人々が集住する地域で、町工場や大きな商店街がある一方で、日本でも有数の都市化が進んだ繁華街を抱える区が隣接していて、そこには富裕層が多く居住している。X高校には、Z区だけでなくその他の区からも家庭背景的にも学力的にも極めて厳しい生徒たちが多数入学してくる。調査当初に校長から聞いた情報によれば、ひとり親家庭率は五〇パーセント以上、生活保護世帯率は約三〇パーセントになるという。このような生徒たちの置かれた状況の厳しさは、入学時の生徒数に対して卒業時の生徒数が三分の二になることにも現れている[25]。

このように通ってくる生徒たちにX高校の第一の特徴があるとすれば、第二の特徴は、学校ないしは教師たちの教育実践にある。X高校は、同和教育運動の影響を強く受けた高校であり、それは『X高等学校 三十周年記念誌』にある「開校当初より、部落解放教育、在日韓国・朝鮮人解放教育、障害者解放教育、女性解放教育を四本柱として取り組んで」きたという記述にも示されている。実際、私が調査に入っているなかでも、X高校の教師たちは、様々な困難を抱えた生徒たちに対して、正面から取り組み、生徒たちの将来の生活を見据えて教育実践をおこなっていた。そうした当時のX高校の教育実践を象徴するのが、総合的な学習の時間におこなわれていた「貧困を越える学習」で、生徒たちはこの授業を通じて、自分の生活を見つめ直したり、労働者としての権利を学んだりしていた。[26]

このような特徴があるX高校で、私は二〇〇九年九月から一二年三月まで参与観察をおこなった。調査のペースは〇九年度から一〇年度の間は週一回程度、一一年度は月一回程度である。調査の日はたいてい朝から夕方までX高校に滞在し、授業や休み時間、放課後に生徒たちの様子を観察したり、生徒たちと会話をしたりした。また、職員室の一角に席を用意してもらい、時間があるときは、そこでメモを整理したり教員と話をしたりした。そして帰宅後に、メモをもとにその日あった出来事や会話などをフィールドノーツとして記録した。一〇年度は「学習サポーター」という役割を与えてもらい、一日二時間ほど授業をサポートしていたが、生徒からは基本的に「先生」ではなく「学生」として認識されていた。

調査でとくに私が注目したのは、当時一年生だった〈ヤンチャな子ら〉と呼ばれる男子生徒たちである。〈ヤンチャな子ら〉に焦点を絞った理由は、いうまでもなくX高校の生徒たちのなかで一般に共有されたヤンキーイメージに最も近いと考えたからであり、[27]一年生にした理由は、彼らのような生徒たちは一年生の時点で留年・退学する傾向があるために、その前に調査対象者と関係をつくって、中退者も調査対象に含めたいと考えたからである。実際、調査二年目から〈ヤンチャな子ら〉は、二年生に進級した者、一年生にとどまる者、中退する者などに分化していった。そこで私は、調査二年目以降は、特定の学年に張り付くというよりは学年間を往復するなど、〈ヤンチャな子ら〉のメンバーそれぞれの行動を可能なかぎり把握できるように努めた。授業がおこなわれている教室ではなく、彼らがよくたむろする校内の食堂前のベンチに座って遅刻してくる彼らの登校を待つ、といったこともしばしばだった。

調査を始めた頃は、休み時間や放課後に彼らに話しかけても、そっけない返事をされたり無視されたりすることが多かったが、調査を続けていくなかで、〈ヤンチャな子ら〉のメンバーであるコウジやトオルと話をするようになり、それをきっかけとして、他の〈ヤンチャな子ら〉とも話をするようになった。このような経緯をたどって最終的にインタビューをしたり、より深く話を聞いたりすることができた十四人が本書の対象者となる。言い換えれば、本書に登場する〈ヤンチャな子ら〉十四人は、互いに交友関係がある者同士だったが、十四人だけで明確な一つのグループをなしていたというわけではないし（この点については、第3章で詳述）、ある基準に即して系統的に（例えば、最も〈ヤンチャ〉な生徒から順に選ぶというように）抽出したわけでもないということだ。その意味で、本書の調査対象は、調査のなかで私が関係を築くことができた者に限定されているという限界をもっている。こうして関係を築くことができた十四人に対しては、中退・卒業後も可能なかぎりSNS（ソーシャル・ネットワーキング・サービス）などで積極的に連絡を取り続けた。なかには複数回のインタビューに応じてくれた者もいる。本書では、前記のフィールドワーク、インタビュー、SNS上でのやりとりを通して得られたデータをすべて用いて分析していく。

ちなみに、X高校の生徒たちは〈ヤンチャな子ら〉のような生徒ばかりではない。生徒たちの言葉を借りれば、X高校の生徒たちは、〈ヤンチャな子ら〉〈ギャル〉〈インキャラ〉に類型化できる（図2）。〈ヤンチャな子ら〉とは本書の主な対象で、教師に反抗したり警察に補導されたりするような行動を繰り返す男子生徒たちである。〈ギャル〉とは、化粧をして染髪をしてパーマをかけ、制服のスカートの丈を短くするなどの格好をした女子生徒たちであり、〈ヤンチャな子ら〉ほど積極的に教師に反発するわけではないものの、授業中に化粧をしたり友人同士でおしゃべりをしたりして教師たちに注意されることもしばしばである。基本的に〈ヤンチャな子ら〉のメンバーと仲がよく、恋人関係にある者もいる。

図2 〈ヤンチャな子ら〉と〈インキャラ〉のイメージ

〈インキャラ〉とは「陰気なキャラクター」の略語であり、現代日本の中学生・高校生に広く流布している言葉だ。〈ヤンチャな子ら〉や〈ギャル〉とは異なり、〈インキャラ〉は男子にも女子にも適用されるカテゴリーである。〈インキャラ〉彼女らの授業中の態度は物静かだが、教師たちの話を真面目に聞いているわけでもなく、携帯型ゲームをしたり小説を読んだりするなど、彼ら彼女らなりに授業をやり過ごしている。休み時間や放課後には、男子の場合はテレビゲームやカードゲーム、女子の場合はおしゃべりなどをして過ごしている。

もちろん、第3章で詳しく論じるように、現実の生徒たちを明確に前記の三つに類型化できるわけではない。したがって、それらの割合を示すのはかなり難しいが、教室の雰囲気をイメージしやすいように私の印象をあえていうと、

〈ヤンチャな子ら〉と〈ギャル〉が生徒全体に占める割合は多めに見積もっても三〇パーセントから四〇パーセントであり、多数派ではなかった。

なお、主な調査対象となる〈ヤンチャな子ら〉十四人のリストを巻末資料として掲載した。(28) ひとり親が多いことや(十四人中七人)、生活保護率の高さ(十四人中四人)、親の学歴や職業などをあわせて考えると、彼らの多くは、社会経済的に困難な家庭環境で育ってきた者たちである。ただし、〈ヤンチャな子ら〉十四人のうち、ひとり親家庭が七人、生活保護世帯が四人という構成は、すでに述べたX高校の生徒全体の割合(ひとり親家庭率五〇パーセント以上、生活保護世帯率が約三〇パーセント)と比べて大きな差はなく、X高校の生徒のなかでとりわけ厳しい状況に置かれた生徒たちというわけでもない。他方、彼らのなかで最終的にX高校を卒業した者は十四人中六人であり、X高校の全体の数値(二〇一二年度の卒業者数/二〇〇九年度の入学者数)が約三分の二だったことを考えると、卒業した者は全体に比べてやや少ない。X高校の他の生徒と比べたときの彼らの大人への移行過程の特徴は、社会経済的な条件は平均的であるにもかかわらず、高校を卒業しない形で労働市場に出ていくことにあると考えられる。

5　本書の構成

本書の構成は以下のとおりである。

第1章「ヤンキーはどのように語られてきたのか」では、これまでのヤンキー研究を「若者文化としてのヤンキー」「生徒文化としてのヤンキー」「階層文化としてのヤンキー」という三つの潮流に分けて概観し、これまでのヤンキー研究の到達点と課題を整理する。そして、その課題を乗り越えるための本書の分析方針を示す。

第2章から第5章では、〈ヤンチャな子ら〉の学校生活と、その後の大人への移行過程を実際に記述していく。

第2章「〈ヤンチャな子ら〉の学校経験——教師との関係に着目して」では、〈ヤンチャな子ら〉の家庭の文化とフォーマルな学校文化の葛藤関係を確認したうえで、順応か反抗かという二項対立では描けない〈ヤンチャな子ら〉と教師たちの関係を分析する。

第3章「〈ヤンチャな子ら〉とは誰か——〈インキャラ〉という言葉に着目して」は、〈ヤンチャな子ら〉が日常的に使用する〈インキャラ〉という言葉に着目し、彼らが他者を確定しながら自らの集団の境界を維持している過程を描き、彼らの実践に男性性がどのように関わっているか、そして、そうした実践が彼ら集団内部の階層性とどのように関わっているのかを論じる。

第4章「「貧困家族であること」のリアリティ」では、〈ヤンチャな子ら〉のなかでもとりわけ家庭背景が厳しいダイ、コウジ、ヒロキに焦点を当てて、彼らがどのように家族を語るのかを論じる。他の〈ヤンチャな子ら〉が家族について肯定的な語りをする傾向にあったのに対して、彼ら三人の家族に関する語りは、相対的で流動的で多元的である。この章では、そのことの含意についても考察する。

第5章「学校から労働市場へ」では、〈ヤンチャな子ら〉がX高校から中退／卒業した後、どのような生活を送っているのかを描く。そこで明らかになることは、学校から離れた後に、社会関係を駆使しながら生き抜く彼らの姿である。ここでは、それまでの章で明らかになった家庭背景や学校生活をふまえて考察することで、〈ヤンチャな子ら〉のなかでも、誰が不安定な経路を歩むことになるのかを分析していく。

最後に終章「〈ヤンチャな子ら〉の移行過程からみえてきたこと」では、本書で見いだされた知見を整理し、現代日本の社会的再生産の一端を明らかにするという本書の目的に照らして考察をおこなうことにしたい。

注

(1) 原田曜平『ヤンキー経済――消費の主役・新保守層の正体』(幻冬舎新書)、幻冬舎、二〇一四年、二五ページ

(2) 五十嵐太郎編著『ヤンキー文化論序説』河出書房新社、二〇〇九年、難波功士『ヤンキー進化論――不良文化はなぜ強い』(光文社新書)、光文社、二〇〇九年、斎藤環『世界が土曜の夜の夢なら――ヤンキーと精神分析』角川書店、二〇一二年、斎藤環／都築響一／椹木野衣／増田聡／飯田豊／石岡良治／卯城竜太／櫛野展正／津口在五、鞆の津ミュージアム監修『ヤンキー人類学――突破者たちの「アート」と表現』フィルムアート社、二〇一四年、原田曜平『ヤンキー経済――消費の主役・

新保守層の正体』(幻冬舎新書)、幻冬舎、二〇一四年

(3) この記事数のカウントは以下の手順でおこなった。まず、一九八四年一月一日から二〇一四年十二月三十一日までの期間の「朝日新聞」の「本紙」(「地域面」を除く)に掲載された記事のなかから「見出しと本文」を検索対象にする。そのうえで、「ツッパリ」「ヤンキー」というキーワードで検索をかけた。なお、「ヤンキー」という単語だけで検索すると、「ニューヨーク・ヤンキース」の記事が多くヒットするため、「ヤンキース」を含めない条件で検索した。そして、検索された記事のなかから、本研究が想定している語義とは明らかに異なる意味でその言葉が用いられている記事(例えば、アメリカ人の蔑称・呼称として「ヤンキー」が用いられている記事や、相撲の「ツッパリ」として検索された記事)を省いていき、残った記事をカウントした。

(4) 飯田豊「巷の「ヤンキー語り」を超えて、「ヤンキー人類学」はいかに可能か?」、前掲『ヤンキー人類学』所収、一五二ページ

(5) その例外として、打越正行と上間陽子による沖縄のヤンキーやキャバクラ嬢に関する研究が挙げられる(打越正行「建築業から風俗営業へ――沖縄のある若者の生活史と〈地元〉つながり」、日本解放社会学会編「解放社会学研究」第二十六号、日本解放社会学会、二〇一二年、上間陽子『裸足で逃げる――沖縄の夜の街の少女たち』〔atプラス叢書〕、太田出版、二〇一七年)。このような貴重な研究はあるものの、十分な数が蓄積されているとはいえない。打越と上間が見いだした知見が沖縄以外の地域でも妥当するのかという点を明らかにするためにも、他の調査・研究がおこなわれる必要があるだろう。

(6) 佐藤郁哉『暴走族のエスノグラフィー――モードの叛乱と文化の呪縛』新曜社、一九八四年、iページ

（7）関西では、反学校的な振る舞いや非行行為一般を〈ヤンチャ〉といい、そうした行為をする若者たちを〈ヤンチャな子ら〉という。一般に〈ヤンチャな子ら〉というと「小さい子ども」をイメージするかもしれないが、本書で〈ヤンチャな子ら〉という場合は、関西の文脈で使用される意味である。なお、佐藤郁哉が一九八〇年代に京都の暴走族についてまとめた『ヤンキー・暴走族・社会人――逸脱的ライフスタイルの自然史』（新曜社、一九八五年、一二九ページ）のなかで、当事者たちが「ヤンチャしてんのを、〝ヤンキー〟やな」と語っていて、当時すでにそうした使用がなされていたことが確認できる。もちろん、「〈ヤンチャな子ら〉はヤンキーなのか？」と疑問を抱く人もいるだろう。しかし、第1章で詳しく述べるように、ヤンキーという言葉が曖昧かつ多義的であるために、演繹的にヤンキーを定義したうえで調査をおこなうことは事実上かなり困難だし、なによりもそうしたやり方は、思弁的にではなく経験的に、という本研究の方針と相容れない。したがって本調査では、〈ヤンチャな子ら〉という具体的な対象を定位することから出発した。なお、ヤンキーと〈ヤンチャな子ら〉という概念間の関係については第1章注（1）で、現場で使われる〈ヤンチャな子ら〉ないし〈ヤンチャ〉という言葉の意味内容については第3章で論じている。

（8）例えば、小杉礼子『フリーターという生き方』（勁草書房、二〇〇三年）、本田由紀『若者と仕事――「学校経由の就職」を超えて』（東京大学出版会、二〇〇五年）、乾彰夫編、東京都立大学「高卒者の進路動向に関する調査」グループ『18歳の今を生きぬく――高卒1年目の選択』（［Aoki 教育library］、青木書店、二〇〇六年）など。

（9）佐藤俊樹『不平等社会日本――さよなら総中流』（［中公新書］、中央公論新社、二〇〇〇年）、苅谷剛彦『階層化日本と教育危機――不平等再生産から意欲格差社会へ』（有信堂高文社、二〇〇一年）など。

（10）阿部彩『子どもの貧困――日本の不公平を考える』（岩波新書）、岩波書店、二〇〇八年、湯浅誠／冨樫匡孝／上間陽子／仁平典宏編著『若者と貧困――いま、ここからの希望を』（「若者の希望と社会」第三巻）、明石書店、二〇〇九年、林明子『生活保護世帯の子どものライフストーリー――貧困の世代的再生産』勁草書房、二〇一六年

（11）苅谷剛彦『大衆教育社会のゆくえ――学歴主義と平等神話の戦後史』（中公新書）、中央公論社、一九九五年

（12）中西新太郎／高山智樹編『ノンエリート青年の社会空間――働くこと、生きること、「大人になる」ということ』大月書店、二〇〇九年

（13）日本型雇用システムは、長期雇用慣行・年功賃金制度・企業別組合に特徴づけられている。それについては、濱口桂一郎の『日本の雇用と労働法』（〔日経文庫〕、日本経済新聞出版社、二〇一一年）や『若者と労働――「入社」の仕組みから解きほぐす』（〔中公新書ラクレ〕、中央公論新社、二〇一三年）に詳しい。

（14）新谷周平「ストリートダンスからフリーターへ――進路選択のプロセスと下位文化の影響力」、日本教育社会学会編集委員会編「教育社会学研究」第七十一集、東洋館出版社、二〇〇二年

（15）乾彰夫編『高卒5年　どう生き、これからどう生きるのか――若者たちが今〈大人になる〉とは』大月書店、二〇一三年

（16）前掲『ノンエリート青年の社会空間』

（17）西田芳正『排除する社会・排除に抗する学校』大阪大学出版会、二〇一二年

（18）尾川満宏「地方の若者による労働世界の再構築――ローカルな社会状況の変容と労働経験の相互連関」（日本教育社会学会編集委員会編「教育社会学研究」第八十八集、東洋館出版社、二〇一一年）、

同「「地元」労働市場における若者たちの「大人への移行」――社会化過程としての離転職経験」（「広島大学大学院教育学研究科紀要 第三部 教育人間科学関連領域」第六十一号、広島大学大学院教育学研究科、二〇一二年）、益田仁「若年非正規雇用労働者と希望」（日本社会学会編「社会学評論」第六十三巻第一号、日本社会学会、二〇一二年）、杉田真衣『高卒女性の12年――不安定な労働、ゆるやかなつながり』（大月書店、二〇一五年）など。

(19) Paul E. Willis, *Learning to Labour: how working class kids get working class jobs*, Saxon House, 1977.（ポール・ウィリス『ハマータウンの野郎ども』熊沢誠／山田潤訳〔ちくま学芸文庫〕、筑摩書房、一九九六年）

(20) *Ibid.*（同書一三ページ）

(21) *Ibid.*（同書一七ページ）

(22) 前掲『高卒5年 どう生き、これからどう生きるのか』

(23) ただし、日本の生徒に焦点を当てたエスノグラフィックな学校研究は、女子生徒やニューカマー生徒を対象にしたものが多く（例えば、宮崎あゆみ「ジェンダー・サブカルチャーのダイナミクス――女子高におけるエスノグラフィーをもとに」〔日本教育社会学会編集委員会編「教育社会学研究」第五十二集、東洋館出版社、一九九三年〕、児島明『ニューカマーの子どもと学校文化――日系ブラジル人生徒の教育エスノグラフィー』〔勁草書房、二〇〇六年〕など）、男子の生徒文化などに焦点化したエスノグラフィックな研究は案外少ない。

(24) 第2章のもとになった論文（知念渉「〈ヤンチャな子ら〉の学校経験――学校文化への異化と同化のジレンマのなかで」〔日本教育社会学会編集委員会編「教育社会学研究」第九十一集、東洋館出版社、二〇一二年〕）を執筆した時点では、この「社会的亀裂」に気づいておらず、〈ヤンチャな子ら〉

を一枚岩的に捉えていた。このような場合、本書を書く段階で、もとになった論文に修正を加え、本としての一貫性をもたせるようにしたつもりだが、分析の視点のゆらぎなどで読みにくい部分があるかもしれない。しかし一方で、そのゆらぎは調査者である私と対象との関係性を浮かび上がらせるものでもあり、そうした観点からは興味深いものとして捉えることもできる。すなわち、本書の経験的分析の第2章から第5章は、基本的には、そのもとになった論文が公表された順になっているため、ロイック・ヴァカンが意図的にそうしたように（Loïc J. D. Wacquant, *Body & Soul: Notebooks of an Apprentice Boxer*, Oxford University Press, 2004.〔ロイック・ヴァカン『ボディ&ソウル――ある社会学者のボクシング・エスノグラフィー』田中研之輔／倉島哲／石岡丈昇訳、新曜社、二〇一三年〕）、調査者が対象に向けるまなざしの変化が浮かび上がるようになっていると思われるのである（基本的には、という断りを入れたのは、第3章のもとになった論文は二〇一二年に学会発表をして論文として公表するまでに五年かかっているからである）。その変化は二つのレベルに分けて説明できる。一つは、〈ヤンチャな子ら〉の集団を一枚岩的に捉えていた視点から、その内部の「社会的亀裂」に気づき、そこに焦点を当てていくことになる変化。これは、第2章で一枚岩的に描かれていた〈ヤンチャな子ら〉の「亀裂」が第3章から明らかになるように構成されている点に現れている。もう一つは、いわゆる「構造主義」と「構築主義」の往還である――「構造主義」にしろ「構築主義」にしろ、それを定義すること自体が難しいのではあるが。第2章はウィリスの影響もあって「構造主義」的色合いが強いが、第3章と第4章は私が最も頻繁にフィールドに通っていた時期に着想したもので「いま・ここ」の状況下で生じる機微に注意を払った分析が前面に出ていて、そこでは「構築主義」の研究が数多く参照されている。そして第5章では、フィールドから離れてインタビューという手法によってアプローチしたことと実際にそれによって見いだされた知見から、再び「いま・ここ」の外部にある力学に主眼を置いた考察になっている。
(25) 二〇〇九年度の入学者に対して、その三年後の一一年度の卒業者数はおよそ三分の二になっていた。留年した後に卒業する者もいるために正確とはいえないが（ただし、逆にいえば、二〇一一年度の卒業者数には〇八年度以前に入学した者もわずかながら含まれている）、このような数値から推測するに、入学者のおよそ三分の一の者がX高校を中退している。
(26) X高校の「貧困を越える学習」については、以下を参照。知念渉「貧困を越える学校——関西のX高校の取り組みから」、柏木智子／仲田康一編著『子どもの貧困・不利・困難を越える学校——行政・地域と学校がつながって実現する子ども支援』所収、学事出版、二〇一七年
(27) ただし、〈ヤンチャな子ら〉は「ヤンキー」と自称していたわけではない。その点で、本書で「ヤンキー」は、ハーヴェイ・サックスがいうところの自己執行カテゴリーではない（Harvey Sacks, "Hotrodder: A Revolutionary Category," in George Psathas ed., *Everyday Language: Studies in Ethnomethodology*, Irvington Publisher, 1979, pp.23-53. 〔ハロルド・ガーフィンケル「ホットロッダー——革命的カテゴリー」、ハロルド・ガーフィンケルほか『エスノメソドロジー——社会学的思考の解体』所収、山田富秋／好井裕明／山崎敬一編訳、せりか書房、一九八七年〕）。カテゴリー化の問題に先鞭をつけたサックスによれば、カテゴリーとは、それ「によって自分たち自身の見方を確立し、他者に対してそのカテゴリーを通して自分たちをみるようにしむける」（同書三〇ページ）ものであるため、誰がそのカテゴリーの執行者であるかが決定的に重要である。そのことを説明する際にサックスが挙げた事例が、改造車に曲乗りする若者集団ホットロッダーである。彼らは、「おとなが管理するカテゴリー」（同論文三四ページ）である「ティーンエイジャー」ではなく、「ホットロッダー」と自称することによって、誰がメンバーであるのか、メンバーの資格に何が必要なのかなどの社会統

制システムの決定権を自分たちのものにしているというわけである。このサックスの議論をふまえると、「ヤンキー語り」があふれる一方で「ヤンキー」と自称する者がいないという昨今の状況は、「ヤンキー」というカテゴリーの自己執行から他者執行への移行過程として理解できるかもしれない。

(28) X高校の校長と相談し、本書に記載している出自に関する情報は、調査倫理の観点から本人によって語られたものに限っている。国籍や被差別部落などの出自に関する情報は、〈ヤンチャな子ら〉との関わりのなかで十分に得ることができず、そのために本書のなかで分析することもできていない。結婚差別を受けた若者たちの経験の聞き取りをおこなった齋藤直子によれば、結婚差別は、受けた側が「確実」だと感じてもその「確証」がないために、その経験はモヤモヤとしたものになる場合があるという（齋藤直子『結婚差別の社会学』勁草書房、二〇一七年）。それをふまえると、現代の結婚差別や就職差別は、分析者が十分に意識しなければみえないものになっているはずだ。本書のなかで国籍や被差別部落などの出自に関する情報や分析がないからといって、本書はその規定力を否定するものではなく、それが本書の限界の一つであることを明記しておきたい。

第1章 ヤンキーはどのように語られてきたのか

序章で述べたように、巷にはヤンキー語りがあふれている。本章では、そのなかでもとりわけ学術領域でヤンキーがどのように語られてきたのかを確認し、その課題を明らかにしたうえで、本書の分析方針を示す作業をおこなう。

学術領域で「ヤンキー」と銘打つ研究はそれほど多くないものの、実質的にはヤンキーとみなされる若者たちを対象にしておこなわれた研究は数多くあり、それらを含めれば、ヤンキーに関するこれまでの研究はかなりの数になるだろう。(1) とくに、ヤンキーは学校と不可分の関係にあるため、教育学・教育社会学のなかにはそうした研究が膨大に存在する。本章では、これらの研究をその着眼点によって三つの潮流、すなわち、①独特のスタイルやそこで共有された象徴体系に着目する研究（＝若者文化としてのヤンキー）、②学校での彼らの振る舞いや学校に対する意味づけに着目する研究（＝生徒文化としてのヤンキー）、③彼らの文化を特定の階層文化として捉える研究（＝階層文化としてのヤンキー）に大別し、これまでの研究の到達点と課題を整理したい。そのうえで、これまでの研究の課題を乗り越えるための分析方針を示す。

1 若者文化としてのヤンキー

ヤンキーはある年齢段階の人々に共有されたライフスタイルであり、その意味で若者文化としての側面がある。「若者文化としてのヤンキー」像を提示する研究は、暴走族やヤンキーとして社会的規範から逸脱する行動をとるのは青年期に限られていて、その後は「オチツいて」「社会人」になっていくことを強調する。

その代表的な研究が、佐藤郁哉の暴走族のエスノグラフィーだろう。佐藤は、一九七〇代から八〇年代にかけて当時社会問題になっていた暴走族への参与観察をおこない、『暴走族のエスノグラフィー』と『ヤンキー・暴走族・社会人』という二冊の本を執筆した。[2]『暴走族のエスノグラフィー』では、暴走することの魅力や、彼らのファッションとスタイル、暴走族をめぐる三つの社会ドラマ（「憎むべき暴走族」「土曜の夜のヒーロー」「俺たちの青春時代」）を分析し、暴走族である若者たちが、どのように「非日常性」を作り上げているのかを明らかにした。また、その続篇である『ヤンキー・暴走族・社会人』では、年齢という集団の統制原理や、中学時代にヤンキーだった者が暴走族になり、その後、オチツいていくパターンやその背景を分析している。これら二冊には様々な知見が示されているが、本書の関心に引き付けると、この研究は次の二点で重要である。

第一に、暴走族やヤンキーのスタイルや価値観を詳細に描いている点である。車両を改造する意味、グループ名の意味、特攻服やドカジャンというコスチューム、チーム旗やステッカーといった小道具などを手がかりにして、彼らが共有する象徴的意味、すなわち「暴走族シンボリズム」をかなり詳細に読み解いている。当時、暴走族は学術的にも統制の対象として取り上げられることが多かったために（「憎むべき暴走族」！）、そのような試みはほとんどなされていなかった。その意味で、この研究の意義の一つは、暴走族に参加する若者の視点から「暴走族シンボリズム」を詳細に記述したことにある。

第二に、「彼らは、暴走族活動の圧倒的な魅力に魅きつけられながらも、その一方でその魅力とリスクのバランスをはかりにかけている」とする「魅力—リスク」モデルを提示して、「暴走族の若者たちは「コンプレックス」や「ストレス」という、自分でコントロールすることが難しい力によってつき動かされて合法的な生活領域からはみ出していく」とする「コンプレックス起源説」を否定したことである。[3] 当時、「なぜ若者が暴走族になっていくのか？」という問いに対してジャーナリストや「学者」は、受験競争からのドロップアウトによって欲求不満がたまり、その結果として暴走族になっていくという説明をしていた。しかし佐藤は、「フィールド調査の期間中に出会った七十人近くの若者たちのなかで、「劣等感」や「欲求不満」が、暴走族グループおよび暴走族活動への主要な動機と考えられるケースは一例としてなかった」と述べ、次のインフォーマントの語りを引用している。

なんでえな。ちゃんと勉強して、そんでも出来ひん奴が〝コンプレックス〟なんか持つんや。おれら、嫌いで勉強してへんだけで、劣等感なんか関係あらへん。(4)

後述するように、「コンプレックス起源説」は、生徒文化研究で適用されていた「地位欲求不満説」と軌を一にするモデルである。「学歴社会論」が興隆していた当時の時代状況を考えれば、このモデルは人々に受け入れられやすかったのかもしれない。それに対して佐藤は「それらのほとんどは説得力のあるデータを示しているとはいい難(5)」いと指摘し、このモデルに疑義を呈したのである。

これらの点をふまえれば、佐藤の研究は、統制の対象だった暴走族にアプローチし、その外部から向けられていたまなざしを相対化したことに大きな意義があったといえるだろう。しかしいまから振り返れば、佐藤の研究は別の点で、やはり当時の時代状況を反映したものになっている。すなわち、少年期→青年期→成人期という極めて安定的なライフサイクルを前提にして議論が組み立てられているという点だ。少年期・青年期・成人期に対応させて名付けられた『ヤンキー・暴走族・社会人』という二冊目の書名が、それを象徴している。

佐藤の議論のこうした前提は、「魅力―リスク」モデルに端的に表れている。佐藤の「魅力―リスク」モデルは、要約すれば次のように説明される。(6)行動に対する制約が多く何重もの役割規定のネットワークに組み込まれている少年期や成人期とは異なり、青年期には大幅な行動の自由が認められるが自分の行動や身分について確固とした認識をもつことが難しい。さらに、中学校を卒業し高校を中退・卒業してあまり仕事に打ち込んでいない者にとって、暴走族に参加することは「ヒマつぶしの手段」になるし、それによって生じる将来のリスクがそれほど大きいものではない。だから、暴走族に参入する。そして、そのリスクが大きくなる成人期にさしかかるとき、暴走族を「卒業」するのである。このように確認してみれば、佐藤の議論の前提には、少年期→青年期→成人期という安定したライフサイクルがあることがわかるだろう。そう考えるからこそ、佐藤にとって暴走族は「パートタイムのアウトロー」であり、暴走族活動とそのシンボリズムは様々な形でカーニバル的な非日常性の世界を作り上げているが、それは日常の変革への志向を抑え込む安全弁のようなものなのである。(7)

同じように「いつかオチツく」若者たちとしてヤンキーを描いた研究として、大山昌彦の研究がある。大山は、茨城県A市で一九七〇年代から活動してきた暴走族「幕府」を対象に調査をおこなっている。(8)「幕府」が興味深いのは、「走り」(暴走)だけでなく、地元の祭事時に設置される歩行者天国で道路を占有し、ロックンロールを踊ることである。大山がとくに注目したのが、この「踊り」だった。なぜなら、「踊り」は、暴走族の少年たちと地元社会とが拮抗しながら共生している関係を象徴しているからである。大山は次のようにいう。

「幕府」のメンバーたちはロックンロールの後毎年のように、商店会からの忠告を無視し、警察と「ケンカ」をし、必ずといっていいほど地元の大人たちとの約束を反故にし、付近をバイクで暴走し大騒ぎをしてきた。警察との小競り合いと暴走は、歩行者天国を開催する商店会側のメンバーも問題視していたが、不思議なことに「幕府」は祭りの場から強制的に排除されることはなかった。(9)

なぜ、彼らは祭りから排除されないのか。大山によればその理由は、第一に、「幕府」が基本的に地元の若者で構成されているため、大人たちはときにその素性までも知っているからであり、第二に、「幕府」のメンバーが祭りを妨害しないことを大人たちは理解しているからである。ここで重要なのは、「幕府」のOBの存在だ。つまり、祭りの開催者のなかに「幕府」のOBがいるから、彼らは祭りを妨害しないのであり、その意味で、「幕府」のOBが地元社会と「幕府」のメンバーの媒介になっていたのである。さらに、「地元で定職に就き、家庭を持ち大人として「それなりにやっている」OBの姿は、一定年齢に差し掛かったメンバーのスムーズな引退を促し(10)」ていくものでもあったのだという。

調査対象こそ異なるものの、大山の研究と佐藤の研究は、ある一定の年齢に暴走族活動した後にオチツいていくというパターンを強調している点で重なっている。そして、その活動する年齢期に焦点を当てて彼らの価値観や文化、すなわち「青年期の生活を彩るシンボル(11)」を描いたという点で、佐藤と大山の研究が提示するヤンキー像は「若者文化としてのヤンキー」だったといえるだろう。

二〇〇〇年代以降、ヤンキー文化については、オタク論と対置されてたびたび論じられるようになった。(12)しかし序章でも述べたように、佐藤や大山のように当事者である若者に深くコミットして彼らの文化を内側から描くという試みがほとんどなされていない[13]ことをふまえれば、佐藤や大山の研究はヤンキーが共有する象徴体系を詳細に分析した点で、現在でも傑出した研究といえるだろう。とはいえ、佐藤や大山の研究は、現代の若者たちが置かれた社会的文脈をふまえれば、次の二点で問題を抱えている。

第一に、今日の日本の状況では、少年期→青年期→成人期という安定したライフサイクルを前提にすることはできない。なぜなら、すでに多くの研究が指摘してきたように、青年期から成人期への移行過程は長期化・複雑化していて、しかもそうした状況は不可逆的なものであるからだ[14]。大山が対象にした一九七〇年代から活動してきた暴走族「幕府」は二〇〇〇年に消滅したようだが[15]、その背景には、おそらく、そのような大きな社会変動があったと考えられる。そうであるとすれば、〇〇年代以降のヤンキーを描くためには、一定の年齢期に活動し卒業していくといったパターンを前提にすることはできない。さらに、このような背景もあって、「暴走族」のように活動や成員性が明確だった一九九〇年代までとは異なり、二〇〇〇年代以降のヤンキーはその活動や成員性が曖昧になっている。現代のヤンキーを描く実証研究がなかなか蓄積されないのは、このことも関係しているだろう。そうした観点からもヤンキーを描くための新しい視点が必要になる。

第二に、これらの研究は、「暴走族シンボリズム」を詳細に描いた一方で、暴走族活動の外側にある家庭背景や階層文化、学校経験などとの関係への目配りが弱いという欠点を抱えている。佐藤が調査対象とした暴走族のメンバーは、「中学卒業後に一応は就職してはいても職業生活にまだ深くコミットしていない者たちであり、高校に入学していても学業にコミットしていないあるいはコミットできない青年たちである」[16]という。にもかかわらず、彼らの活動を分析する際に学校経験や階層文化という変数をほとんど考慮していない。「暴走族の若者たちの成人後の社会適応(「オチツ」いていくこと)を容易にするのは、比較的良好な経済状態」[17]と述べていることから明らかなように、佐藤は、暴走族を卒業した後の彼らの生活を楽観的にみている。そのために佐藤はその外側にある力学をほとんど視野に入れていないのだろうが、二〇〇〇年代以降の若者が置かれた状況では、それらの力学は極めて重要であるといわざるをえない。

ここまでみてきた「若者文化としてのヤンキー」研究に対して、これからみていく「生徒文化としてのヤンキー」研究と「階層文化としてのヤンキー」研究は、その外側にある学校経験や階層文化との関係で、彼らの生活実践を捉えようとするものだ。

2 生徒文化としてのヤンキー

「生徒文化としてのヤンキー」研究は、学校が求める規範や価値との関係でヤンキーを表象する。[18]すなわち、学校的価値や規範から逸脱している生徒たちの価値観や行動様式を「反学校的生徒文化」と呼び、彼ら彼女らがどのような学校に多く存在するのか、なぜ特定の人々が「反学校的生徒文化」を身につけていくのかを説明しようとするのである。こうした議論は、主に教育社会学の生徒文化研究でおこなわれてきたので、まずは生徒文化研究がどのようなものなのかを紹介したうえ

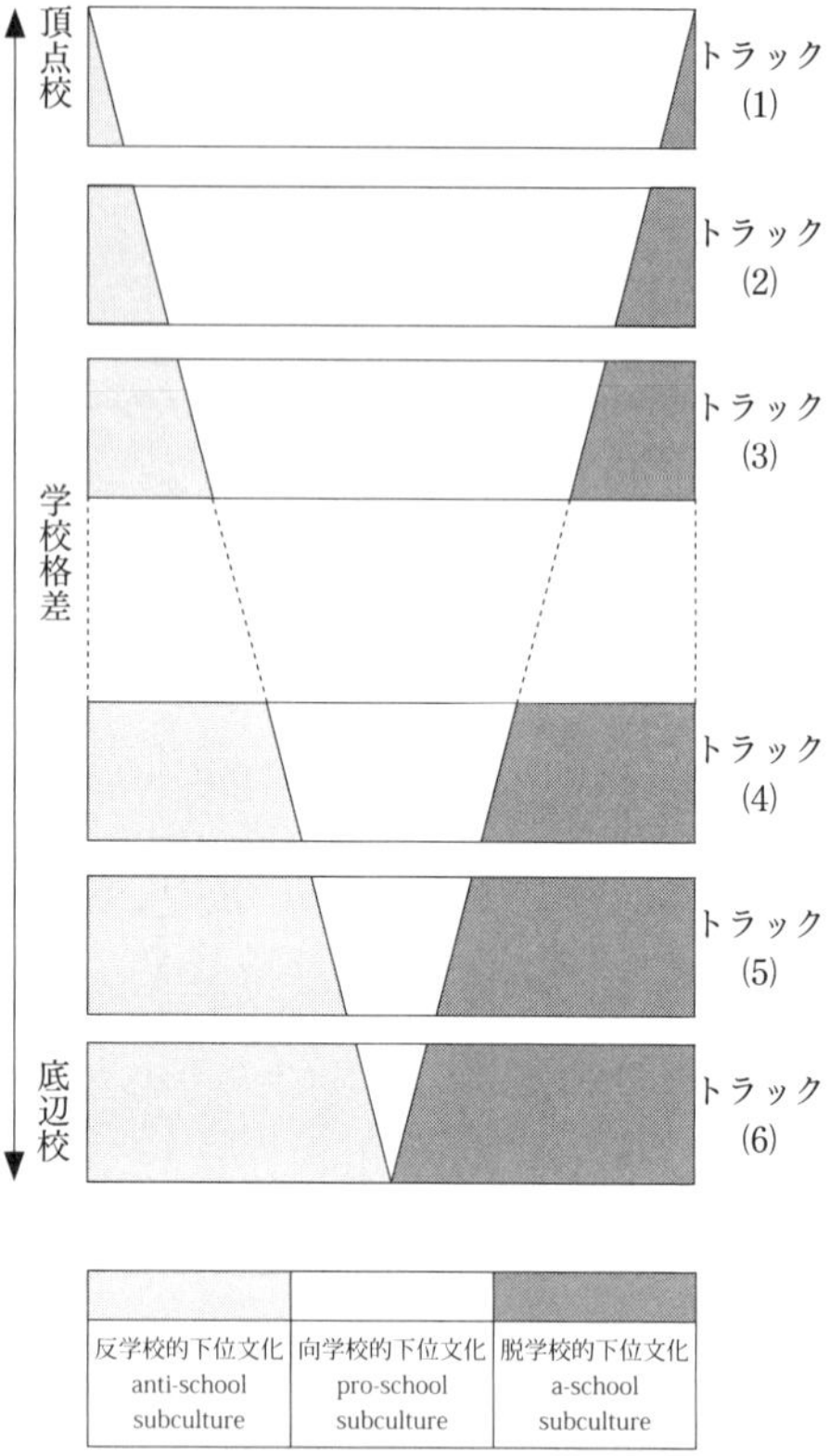

図3　トラッキングと生徒の下位文化
（出典：岩木秀夫／耳塚寛明編『高校生――学校格差の中で』〔「現代のエスプリ」第195巻〕所収、至文堂、1983年、11ページ）

で、そこでヤンキーがどう描かれていたのかを確認しよう。

生徒文化研究は、主に教育社会学の領域で一九七〇年代から八〇年代に盛んにおこなわれた[19]。そして、それらの多くは、「質問紙調査をもとに、数量化Ⅲ類や因子分析といった統計的手法を用いて、生徒文化の類型を析出し、それと学校のランクや学業成績との相関を分析する[20]」というスタイルでおこなわれていた。例えば米川英樹は、大阪府の高校八校を対象にした質問紙調査のデータを主成分分析によって解析し、「勉学志向」「娯楽交友志向」「社会活動志向」「脱集団志向」という四つの志向性を取り出した。そして、それらと学校ランクの関係を分析することで、進学校では「勉学志向」「社会活動志向」が強い一方で「娯楽交友志向」「脱集団志向」が弱く、非進学校ではこの逆の傾向になることを明らかにしている。(21) このような生徒文化研究によって見いだされた結果を理念型的に図示したものが図3である。(22) 教育社会学では、どの高校に入学するかによって将来の進路に制約がかかることから、高校の階層構造をトラック競技の走路になぞらえて「トラッキング」と呼ぶが、図3はそのトラック(=高校)によって生徒文化がどのように異なるかを描いている。一言でいえば、学校階層の頂点校になるほど向学校的な生徒文化が生じ、底辺校にいけばいくほど反学校的ないし脱学校的な生徒文化となる、というわけである。

学校ランクが低くなるほど、「反学校的生徒文化」が支配的になるのはなぜか。それを明らかにするために耳塚寛明は、欧米の生徒文化研究の知見から、向学校的―反学校的下位文化の分化を説明する三つのモデル(文化衝突モデル、地位欲求不満モデル、学校の組織構造モデル)を抽出し、日本の高校生を対象にした質問紙の分析に適用した。(23) そこでの結論は、向学校的―反学校的下位文化の分化は、地位欲求不満説で説明できる可能性が高いというものだった。

この耳塚の研究に示されるように、主に一九七〇年代から八〇年代におこなわれた「生徒文化としてのヤンキー」研究では、特定の人々がヤンキーになるのは、学校のなかで低い地位を与えられた者が、その地位に対する不満を募らせた結果として解釈される傾向にあった。(24) ここで重要なのは、前述した佐藤の研究によって、そうした説明図式が否定されていることである。それにもかかわらず、生徒文化研究で「地位欲求不満説」に代わるモデルが提示されることはほとんどなされずに、むしろ一般化される傾向さえあった。[25] なぜだろうか。

西田芳正によれば、その背景には「学歴社会論」や「競争社会論」があったという。[26] すなわち、「第二次世界大戦後、教育社会学の実証的研究が着手された早い時期から今日に至るまで、欧米と同様の知見、すなわち、階層間に教育達成の格差が存在することが繰り返し明らかにされてきた」が、「学歴問題なら売れる」と確信していたマスコミとの関わりもあって、「学歴社会の認識が生産者―消費者の間で強化される一方で、学歴競争において不利な条件に置かれている人々、あるいは競争に関心や熱意をもたない人々の存在が顧みられないままとされてきたのである」。[27] この西田の指摘は、教育社会学的研究全般に向けられたものだが、その一部である生徒文化研究も例外ではないだろう。

こうしたことをふまえると、メディアに表象される不良少年を分析した桜井哲夫の研究は興味深い。[28] 不良少年映画や非行少年少女の手記、不良少年マンガを分析した桜井によれば、一九五〇年代までは「社会的貧困」やそれに伴う「家庭」の問題として不良少年が描かれていたのに対して、六〇年代を境目として、「牢獄としての学校」「看守としての教師」というテーマで不良少年が描かれるようになっていったのだという。そしてそれは、「受験競争」という言葉の登場と時期が符合する。[29] 教育研究では五〇年代まで論じられていた家庭の貧困の問題がそれ以降に後景化していったが、それはこうしたマスメディアの不良少年の描き方と重なるものなのである。[30] 反学校的生徒文化を分析する研究の視点は、その時代の不良少年に対するまなざしと共振していたということなのだろう。

しかし一九九〇年代に入ると、地位欲求不満説を軸にした生徒文化研究は、複数の社会的文脈で疑義を突き付けられることになる。

第一に、学校で周辺的な立場に置かれている生徒へのインタビューによって、地位欲求不満説を疑問視する研究が出てきた。例えば、学校「不適応」になっている者に〈学校へのこだわりの希薄さ〉という傾向がみられたという長谷川裕の研究や、学歴獲得競争へドライブがかかっていない世界があることを指摘する西田の研究である。[31] これらの研究は、前述した佐藤の研究と同様に、現実の若者たちに直接会って調査をすることで、「欲求不満の結果、落ちこぼれになっていく」というような研究者の一般的な見方に異議を唱えたのである。そして後述するように、こうした視点は二〇〇〇年代以降の「格差社会」や「子ども・若者の貧困」を扱った研究に受け継がれることになる。

第二に、一九九〇年代におこなった質問紙調査の分析結果から、地位欲求不満説の妥当性の低下を指摘する研究が現れた。大多和直樹の研究だ。[32] 大多和は、七九年と九七年におこなわれた高校生に対する質問紙調査を分析するうえで、消費社会化の進展という背景に着目し、①七〇年代から九〇年代にかけての消費社会化の進展によって生徒たちが「学校からの役割期待」だけでなく「ユース・カルチャーからの役割期待」にも影響を受けるようになった、そして、②その影響は社会階層によって異なる、という見立てを立てて計量分析をおこなった。その結果、七九年時点ではどの階層でも地位欲求不満説の説明力がそれなりに強かったものの、九七年時点では階層が低くなるほど地位欲求不満説の説明力が弱くなること、そして、階層が低い生徒たちに限って「消費文化へのコミットメント」が「逸脱文化へのコミットメント」に結び付いていることを明らかにした。大多和によれば、九〇年代後半では、地位欲求不満説は社会階層が相対的に高い生徒たちにしか当てはまらず、社会階層が低い生徒たちにとっては学校よりも消費文化のほうが重要になっているという。

第三に、一九九〇年代は教育社会学にジェンダー概念が本格的に導入された時代でもあった。それまでの生徒文化研究の分析は男子だけのサンプルでおこなわれていることが多く、女子の生徒文化を分析した研究も男子との差に言及するにとどまっていた。[33] それに対して宮崎あゆみは、生徒文化研究のそのような状況を批判し、男性・女性どちらを対象にするにせよ、生徒文化に「ジェンダーの側面」がどのように浸透しているのかを分析し、研究の概念や枠組み自体を刷新することが重要だと指摘した。[34] 地位欲求不満説は男性を強く想定していたモデルだっただけに、このジェンダーの視点からの批判は避けられない。なお、本書がジェンダーの問題とどのように向き合うかについては後述する。

「生徒文化としてのヤンキー」研究をまとめよう。一九七〇年代から八〇年代までは――佐藤による批判などがありながらも――質問紙調査の分析によって地位欲求不満説（＝学校で低い地位に置かれたことの不満からヤンキーになる）の妥当性が主張されてきたが、九〇年代になると、その妥当性がインタビュー調査によって疑われ、後続の質問紙調査研究によってその説明力が低下したことが明らかにされ、さらに男性だけを想定したその説明図式に再考を迫られるようになったということができる。いずれにしても、「生徒文化としてのヤンキー」研究では、地位欲求不満説の妥当性をめぐって議論が展開してきたことから明らかなように、学校という場に重要な位置が与えられてきたことは間違いない。

3 階層文化としてのヤンキー

一九九〇年代前半までに主に教育社会学で蓄積された研究は、ヤンキーを学校的な価値や規範との関係で論じ、「生徒文化としてのヤンキー」像を提示してきた。ところが九〇年代後半頃から、「フリーター・ニート」に象徴される若者の雇用問題や、「格差社会」「子ども・若者の貧困」などが社会問題化されたことを背景に、教育社会学を中心とした教育研究でのヤンキーの表象のされ方は、それまでとはかなり異なったものになる。特定の階層出身の若者たちが身につけた文化としてのヤンキー像、すなわち、「階層文化としてのヤンキー」が提示されるようになるのである。

このとき重要な参照点となるのが、序章で紹介したウィリスの『ハマータウンの野郎ども』だった。一九七〇年代のイギリスで、労働者階級の少年たち〈野郎ども〉が親たちの文化＝労働者階級文化に依拠しながら学校に反抗し、積極的に肉体労働を選び取っていく姿を描いたこの研究は、二〇〇〇年代以降の「学校から仕事への移行」や「子ども・若者の貧困」に関する研究の重要な手がかりになった。そこで、このウィリスの研究が日本の教育研究でどのように受容されてきたのかを確認し、「階層文化としてのヤンキー」像がどのように提示されてきたのかをたどることにする。

まず、一九九〇年代前半に出版された文献のなかで、『ハマータウンの野郎ども』がどのように受容されていたのかを確認しよう。前述したように、七〇年代から八〇年代には、日本を学歴社会と想定した教育社会学的な研究が数多くなされていた。いまから振り返ると、この時代の『ハマータウンの野郎ども』の受容は、そうした想定を強く刻印されたものになっている。九〇年代に出版された教育社会学領域の代表的な二冊、すなわち、苅谷剛彦の『学校・職業・選抜の社会学』と竹内洋の『日本のメリトクラシー』のなかで『ハマータウンの野郎ども』がどのように扱われているのかをみてみよう(35)。

苅谷の『学校・職業・選抜の社会学』は、日本特有の「学校経由の就職」がどのようになされているのかを、アメリカと比較・分析した研究である。アメリカの高校では、メリトクラティックな競争が起こり難く、ノンエリートたちの「低位同質化」が進行するが、それとは対照的に日本では、「選抜のメインルートからすでにはずれた高卒就職者の間でも、学業成績を主たる基準とした、さらなるメリトクラティックな競争が展開している」ために、「日本の高校では、大学に進学しない高校生たちにもメリトクラティックな選抜が続く(36)」というのが、苅谷のおおよその分析結果である。同書のなかで苅谷はウィリスの研究を引用し、「ウィリスの指摘が労働者階級の文化と学校文化との鋭利な衝突を内に含んだイギリスの現実から出発したものであるのに対し、私たちの例ではこのような明確な文化的葛藤というものが見られない。（略）なぜこのような違いが生まれたのか。階級文化の欠如によるのか、あるいは学校と社会とのあつい信頼関係が成立している日本の学校社会の特徴なのか(37)」と述べている。

また、「激しい大衆的受験競争」の発生や存続のメカニズムを分析した『日本のメリトクラシー』のなかで竹内は、一つの工業高校の分析結果として次のように述べる。

「野郎ども文化」は見出せなかった。(略)日本の学校にウィリスが描くような反学校文化がみられないのは、日本のブルーカラー労働者は雇用形態や意識の面でホワイトカラーに近似していて、日本では反学校文化をサポートする労働現場文化がイギリスのようなかたちで存在しないこと——ブルーカラーのホワイトカラー化——がその大きな理由だろう。(38)

苅谷と竹内の研究は、ノンエリートがメリトクラティックな競争にたき付けられているか否かという点で見解が分かれているものの、いずれにおいても、ウィリスの知見は日本に妥当しないと指摘している。これらの研究の背景には、やはり日本は受験競争が加熱した社会だという認識があったのだろう。そのような認識のもとで、〈野郎ども〉のように自ら進んで学校の競争的秩序から離脱する生徒の存在は、日本とは異なる異国の事例として位置づけられていたのである。

ところが二〇〇〇年頃から、「フリーター・ニート」「格差社会」「子ども・若者の貧困」などの問題が論じられるようになると、『ハマータウンの野郎ども』の受容のされ方は大きく変わることになる。

まず、若者の非正規雇用率が高まるなかで、実際に「高卒無業者」「フリーター」と呼ばれる人々の経験を参与観察やインタビューによって描き出そうとする研究が登場した。その嚆矢となった新谷周平の研究は、ストリートダンスグループへの参与観察とインタビューを通じて、フリーターを経験する者が、場所、時間、金銭を共有することによって成り立つ文化——「地元つながり文化」――を形成し、それと適合的な労働を選択した結果としてフリーターになっている過程を描いたものである。(39) この研究では、先に示した苅谷や竹内の研究とは対照的に、「野郎ども」の文化と「地元つながり文化」の類似性が次のように指摘されている。

ここで描いた「地元つながり文化」は、「野郎ども」の文化が、反学校的で、労働階級の文化と通じ合うものであるのとは異なり、学校への抵抗はそれほど強いものではないし、階級的、世代的つながりも強固なものは感じさせないが、しかし支配的な文化とは異なる下位文化を媒介にして、相対的に低位とされる状態を自ら選びとっていることは相似している。(40)

また、それまでのフリーター研究は「本当に不利な立場に置かれた若者たち」を対象にしてきたのかと批判し、不安定な家庭出身の若者たちへのインタビュー調査をおこなった西田らは、リスク感覚をもたずに小・中学校段階から「遊び」に没入していく若者たちのライフスタイルを描き、〈野郎ども〉の語りにあるような反抗というニュアンスは明確に感じられないが、そこに学校に親和的なキャリアとは異なる大人への移行のプロセスがあることを示唆している。(41)

これらの研究以外にも、二〇〇〇年頃を境にして、学校生活から間断なく正規職へ就くルートに乗らない／乗れない若者たちの生活世界を描く様々な研究が蓄積され、(42) その後、「格差社会」論、「子ども・若者の貧困」研究が進展するなかで、学校内でメリトクラティックな競争に乗らない／乗れない児童・生徒の経験を描く研究も登場してきた。(43) このような研究が蓄積されていくなかで、先行する時代には状況が異なる異国の事例として位置づけられていた『ハマータウンの野郎ども』は、現代日本と（部分的であれ）共通性を見いだせる対象になったのである。

ちなみに、それが前景化する以前から社会階層や貧困といった視点から教育問題や若者問題を分析する重要性を一貫して訴えてきたのが西田であり、その研究をまとめたものが『排除する社会・排除に抗する学校』である。西田は、それまでの教育社会学的な研究に対して、「学歴社会」を問題化するあまり受験競争に乗らない人々の存在を顧みていなかったのではないかと批判し、「貧困・生活不安定層」の若者たちの大人への移行過程を分析している。西田によれば、「学校の押し付けてくる競争秩序には乗らない、別種の世界」[44]があり、「そこに見られる子どもから大人への移行は、彼／彼女たちにとって見知った、なじんだ、身近にある大人の世界に、大きな不安や葛藤を抱くことなく参入していくプロセスであり、「困難で不安定な大人の世界への自然な移り行き」と表現することができる」[45]。このように論じる西田にとって、「遊び」に没入し、学校から離脱していく彼ら彼女らは、生徒文化研究で論じられたような学業不振から「欲求不満」が募り、反学校的生徒文化を身につけていく存在ではない。彼ら彼女らの大人への移行パターンは、特定の階層に特有のものであり、階層文化を反映したものなのである。その意味で西田の研究は、「階層文化としてのヤンキー」を描いた典型例だといえるだろう。

西田の研究では、男性だけでなく女性も研究対象に含まれていることも重要である。暴走族を対象にした佐藤の研究や地位欲求不満説をめぐる生徒文化研究は、基本的には男性を対象とし、男性を想定したモデルを提示してきた。それに対して西田の研究では、女性の結婚観と移行のあり方を分析している。[46] 西田によれば、「貧困・生活不安定層」の若年女性たちは、「早くに結婚してお母さんになる」といった将来像を抱き、鳶などの現場系労働者を「男らしい」と肯定的に評価する傾向にあるという。一方、彼女らの生活圏では、男性の側にも早期に結婚したいという希望があり、現場系労働者として働く者も多い。そのため、早期に家族形成・出産し、「自然な移り行き」が現実化するのである。西田は明確に述べているわけではないが、このように考えるならば、西田がいう「自然な移り行き」は男性と女性で異なりながらも、両者が補完し合うことで成立しているものといえるだろう。その意味では、より正確にいえば西田の研究は、「ジェンダー化された階層文化としてのヤンキー」を描いたものなのである。

さて、このようにして二〇〇〇年代のヤンキー研究では、日本のノンエリートと、『ハマータウンの野郎ども』に登場する〈野郎ども〉との類似性が強調されるようになった。別の言い方をすれば、メリトクラティックな競争に乗らない／乗れない人々の世界の独自の文化が「発見」されたといえるのかもしれない。前節の議論もふまえるとするならば、学術領域（主に教育社会学領域）でヤンキーは、一九九〇年代前半までは「生徒文化としてのヤンキー」として論じられる傾向にあったが、それ以降の時代では、「階層文化としてのヤンキー」として論じられるようになったのである。

「階層文化としてのヤンキー」像を提示する研究は、従来の生徒文化研究による「欲求不満」が募った結果としてヤンキーになっていくというストーリーを相対化し、彼ら彼女らの視点に立てば、全く異なるストーリーがある可能性を示した。その意義が大きいことはいうまでもない。しかしその一方で、「ヤンキー文化」を階層文化に還元してしまっていいのかという疑問が残る。例えば、貧困層や生活不安定層の出身でありながらも「おとなしい生徒たち」は存在するし、逆に、「貧困・生活不安定層」出身ではないヤンキーもいる。ハーバード・ガンズの貧困論を整理した西村貴直は、特定の貧困者を研究対象にしているにもかかわらず、その研究成果を貧困者一般のように論じてしまう貧困研究の危険性を指摘しているが、(47)「階層文化としてのヤンキー」像を提示してきた研究は、まさにそうした危険性を抱えているといえるだろう。

4 これまでのヤンキー研究の課題

ここまでの議論は、表1のようにまとめることができる。以下では、これまでの議論を簡単に振り返ったうえで、これまでの研究が共通して抱えている課題を明確にしたい。

まず、暴走族を対象にエスノグラフィーをおこなった佐藤の研究に代表されるような、「若者文化としてのヤンキー」像を提示した研究がある。これらの研究は、暴走族やヤンキーが共有する象徴体系について詳細に分析した一方、安定したライフサイクルを想定し、その外側にある学校経験や階層文化との関係をほとんど論じていないという課題を抱えている。また、二〇〇〇年代になって「オタク」論に対置して「ヤンキー」論が数々出版されるが、近年のそれらの議論は厳密な経験的調査・研究に基づいておこなわれているわけではない。

表1　ヤンキーに関する先行研究の整理

	若者文化としてのヤンキー		生徒文化としてのヤンキー	階層文化としてのヤンキー
時代	1980—1990年代	2000年代—	1970—1990年代	2000年代—
研究の背景	少年期→青年期→成人期という安定したライフスタイル	「オタク」論に対置される「ヤンキー」論	「学歴社会」論「競争社会」論	若者の雇用問題、「格差社会」論、子ども・若者の貧困
分析の主な焦点	ヤンキーが共有する象徴体系		ヤンキーの学校経験	ヤンキーの出自（家庭背景・出身階層）、労働

「生徒文化としてのヤンキー」像を提示した研究は、主に一九七〇年代から八〇年代に教育社会学領域で蓄積された。これらの研究は、学校的価値や規範から逸脱している生徒の文化を「反学校的生徒文化」と呼び、それが生徒の学業成績や地位に対する「欲求不満」から生じるものだと説明した（＝地位欲求不満説）。つまり、ヤンキーを「落伍者」「落ちこぼれ」として描いていたのである。地位欲求不満説への批判は当時から存在していたものの、「学歴社会」論や「競争社会」論が興隆していたことを背景に十分に検討されなかった。その後、九〇年代を通じて、その妥当性に疑義が呈されるようになる。

とりわけ二〇〇〇年前後から、「フリーター」や「ニート」という言葉で若年雇用の問題がクローズアップされるようになると、そうした若者の存在と〈野郎ども〉との類似性が指摘され、「階層文化としてのヤンキー」研究が蓄積されるようになった。そこでは、ヤンキーの生活実践は、特定の階層に共有された文化ないしはライフスタイルであり、その階層で育つことによって若者たちは「自然に」親たちのように大人になっていくことが指摘された。しかしこのような研究は、ヤンキーの生活実践を「階層文化」という一つの力学に還元し、同一の階層内にある若者の多様性を看過してしまう危険性を抱えている。

このように整理すると、三つの潮流は、それぞれ相互に批判し合う関係にあり、言い換えれば補完し合っているともいえるだろう。しかしながら、これらの研究には共通に抱えている課題がある。それは、若者文化・生徒文化・階層文化のいずれの視点から描いているにせよ、「ヤンキー文化」をそのいずれかに還元して解釈する傾向があるという点だ。言い換えれば、実際のヤンキーの生活実践は、これら複数の力学が重層的に作用するなかで営まれているはずだが、そうした現実をこれまでの研究は描き出せていないのではないかということである。そこで本書では、これまでの研究の知見を最大限に生かしながらその課題を克服するために、ヤンキーの生活実践を、複数の力学が重層的に作用していることに着目して描き出していきたい。

また、複数の力学を想定するということは、「ヤンキー集団」をある一つの文化を代表する存在として扱うのを否定することでもある。そこから第二の課題が浮かび上がる。すなわち、先行研究では、ヤンキーと呼ばれる若者たちの同質性に着目し、内部の多様性を看過してきたのではないかということである。例えば佐藤の研究では「右京連合」という一つの暴走族集団に対して調査をおこなっているが、集団内部にあるメンバーの多様性やメンバー間の差異への目配りが弱い。おそらく佐藤自身が認めるように[48]、暴走族はインフォーマルな集団でありながらも成員性が相対的に明確で凝集性が高い集団であるために、メンバーの同一性を前提にしていたと考えられる。しかし、ヤンキーという言葉の意味が曖昧で多義的になってきた現在では、佐藤がそうしたように一つの集団を同定すること自体、難しくなっている。言い換えれば、一つの集団の特徴や規範といった形で

「ヤンキー集団」を描き出すよりはむしろ、「ヤンキー集団」が集団としてどのように成立しているのか、集団のメンバー間には差異はないのか、という問いが重要になってくるのではないだろうか。[49]

5 分析の方針

前節で提示した二点の先行研究の課題は、それを乗り越えるための分析方針として次のように言い換えることができる。

①ヤンキーの生活実践を、一つの力学に還元することなく、複数の力学が重層的に作用するなかで成り立っているものとして記述・分析する。

②ヤンキー集団のメンバー間の同質性だけでなく、メンバー間にある差異にも着目して記述・分析をおこなう。

次章から第5章では、様々な概念や視角を用いて記述・分析していくが、この二つの分析方針は、それらを通底するものとして考えてもらえばいいだろう。

私がこの着想を得たのは、ブルデュー派の二つのエスノグラフィー、ヴァカンの『ボディ&ソウル』と石岡丈昇の『ローカルボクサーと貧困世界』からである。[50]そこで、これらの研究を紹介し、本書の分析方針をより明確にしたい。

ヴァカンは、アフリカ系アメリカ人のゲットーの日常的現実を分析するために、ゲットーのなかにあるボクシングジムに自ら通って、ボクサーの社会的・感覚的論理（＝ハビトゥス）やジムの存立機制を記述・分析した。ここでの関心からとりわけ重要な点は、ヴァカンがゲットーのなかにあるボクシングジムを「秩序と美徳の孤島」と表現し、ゲットーとの「共生と対抗という二重関係」のなかに位置づけていることである。ヴァカンはいう。

ジムは、ゲットーの若者達から人材を集め、また、肉体の頑強さ、個人の名誉、それに身体的パフォーマンスを重んじるゲットーの男性的な文化を生かし利用しているが、それと同時に、秩序に対して無秩序、激情の個人的集合的統制に対して私的公的な混乱状態、少なくともボクサーの社会生活と自己感覚という見地からは建設的で、厳しく規制され明確に制限された競技場のやり取りである管理された暴力に対して、近隣で横行する手に負えない犯罪と麻薬取引に象徴される予測できない際限のない、一見パターンや合理性を欠く暴力というように、ストリートの反対に立っている。(51)

ヴァカンは、ボクシングジムをゲットーそのものとして捉えるのでもなければ、内部の力学だけでジムを描こうとするわけでもない。その両方を視野に入れてジムの分析を展開するのである。

このヴァカンの方法をより明確に提示したのが、フィリピン・マニラ首都圏に暮らすローカルボクサーの生活実践を描いた石岡である。(52)石岡は、既存の第三世界スポーツ研究が、政治・経済構造にスポーツを包摂して捉えるかスポーツが政治・経済構造を超え出るものとして捉えるかという、

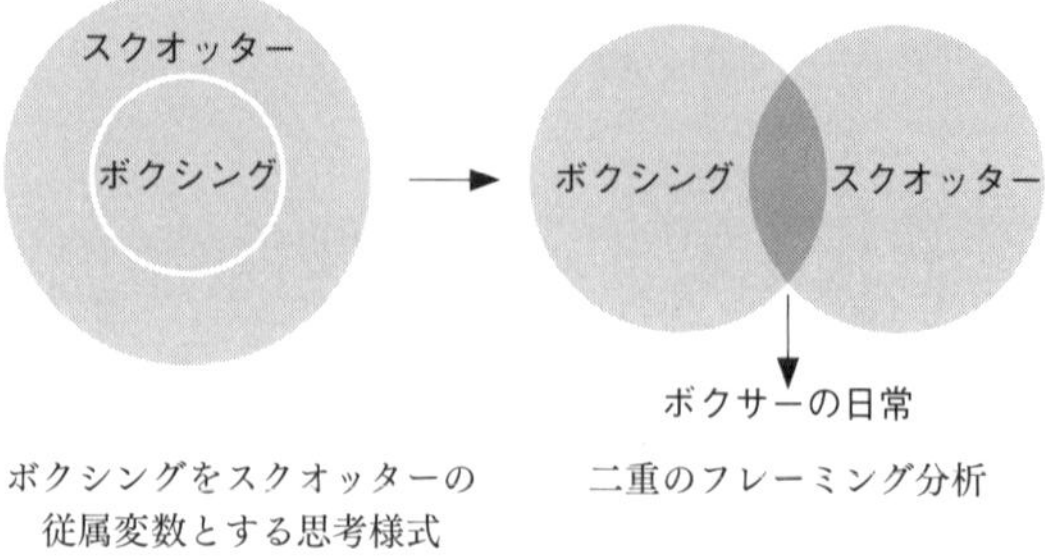

図4　二重のフレーミング分析の模式図
（出典：石岡丈昇『ローカルボクサーと貧困世界――マニラのボクシングジムにみる身体文化』世界思想社、2012年、44ページ）

どちらか一方を上位に置くという前提を備えていると批判し、それを乗り越えるための「二重のフレーミング論」を提案した。二重のフレーミング論とは、「個別の実践は、スポーツ界に固有の力学と一般的な経済的・社会的条件の双方から、二重に規定をうけている(53)」とする見方であり、石岡の研究の文脈でいえば、図4にあるようにボクシングというスポーツ界に固有の論理と、ボクサーの多くが居住しているスクオッター地区の生活の論理の両方を分析の視野に収めることを意味している。

この二重のフレーミング論は、ピエール・ブルデューの「スポーツ社会学のための計画表(54)」を参考にして獲得されたものである。石岡はいう。

ブルデューが念頭に置いているのは、スポーツの社会学を展開するために、諸々のスポーツをスポーツ実践に位置づけて分析しながら、そのスポーツ界を再度社会空間に位置づけるという作業である。このことによって、ブルデューはふたつの型の思考様式と手を切っている。ひとつは、スポーツ界を絶対的自律性を備えたものとみなし、社会空間とのどのような対応関係も認めないという思考様式、もうひとつは、スポーツ実践を最も一般的な経済的・社会的条件に直接還元する思考様式である。これら双方と手を切り、スポーツ界固有の力学をそれ自体再構成しながら、社会空間に位置づけるという作業、すなわちスポーツを「二重に読む」ことを、ブルデューは提唱しているのである。[55]

ブルデューの理論を援用した石岡の研究の特徴は、人々の生活実践を、ボクシング界の力学に還元することと社会経済的条件に還元することの両方を拒絶し、それらに相互に規定されながら営まれていることを明確に打ち出した点にある。こうした視角がスポーツという実践以外にも適用可能であることはいうまでもない。そもそもその視角を提示したブルデューが、文学・芸術界や住宅市場を分析していることからも、そのことは明らかだろう。[56]

それでは、ヴァカンや石岡の研究の分析視角は、本書にどのように適用できるだろうか。先に、これまでのヤンキー研究は、三つのヤンキー像、すなわち「若者文化としてのヤンキー」「生徒文化としてのヤンキー」「階層文化としてのヤンキー」を提示してきたと述べた。ヴァカンや石岡の研究をふまえれば、その三つのうちどれが正しいかという三者択一的に問うことをやめ、三者の力学が重なり合うなかでヤンキーの生活実践が成立していると捉える必要がある。

もっとも、ここで「三者の力学」という場合、「若者文化・生徒文化・階層文化の力学」と表現するのは適切ではないだろう。[57] というのも、ある集団の「特定の生活様式（a particular way of life）」として文化を捉えるならば、文化はなんらかの力学に規定されるなかで人々が生み出すものだからだ。そこで、ここからは若者文化、生徒文化、階層文化を生み出す場を、それぞれメディア・ストリート空間、学校空間、社会空間と呼ぶことにする。逆にいえば、それぞれの空間の力学に対応することで生じる人々の価値観や行動様式が、若者文化、生徒文化、階層文化ということになる。前の二つ、若者文化はメディアやストリートの場で、生徒文化は学校という場で生み出されるというと、ある程度具体的なのでイメージしやすいかもしれない。しかし、社会空間については、少し漠然としているため補足する必要があるだろう。

「社会」はかなり包括的な概念だが、本書で社会空間という場合、「階級・階層」と「ジェンダー」の作用が交差した場として想定している。それは、前述したような「ジェンダー化された階層文化としてのヤンキー」像を提示している西田の研究をふまえてのことである[58]。ただし、本書の対象は男性に限られているので、本書のジェンダーの視点からの分析は、男性・女性を対象にしてその性差を分析するという意味ではない。宮崎が指摘したように、そもそもサブカルチャーの分析にジェンダーの視点を取り入れることは、男性・女性いずれの性を対象にするにせよ、ジェンダー関係がそのサブカルチャーの形成にどのように関わっているのかを分析することであるはずだ[59]。本書では、〈ヤンチャな子ら〉を「ジェンダー化された存在」として位置づけ、彼らが自らの男性性をどのように捉え、それが集団形成や大人になる過程にどのように関わっているのかを分析していくことにしたい[60]。

さて、このように考えれば、〈ヤンチャな子ら〉の生活実践を規定する諸力を図5のように示すことができるだろう。本書では、図5でいうと三つの円が重なる場所に〈ヤンチャな子ら〉の生活実践を位置づけて分析していくということである。

ただし、ヴァカンや石岡の研究から導出された図5だけでは、本書の分析方針を正確に示すことはできていない。というのも、ヴァカンや石岡の研究と本書では、その対象と目的に大きな違いがあるからだ。ヴァカンや石岡が対象にしたボクシングジムは、「入会」という制度から明らかなように、そのメンバーシップが明確で、しかもその集合的営為に光が当てられていた。それに対して本書では、先に示したように、メンバーシップが不明確なヤンキー集団を対象にして「メンバー間の同質性だけでなく、メンバー間にある差異にも着目して記述・分析をおこなう」という分析方針を掲げている。そこで、「メンバー間にある差異」を分析できるものへとその枠組みを加工しなければならない。

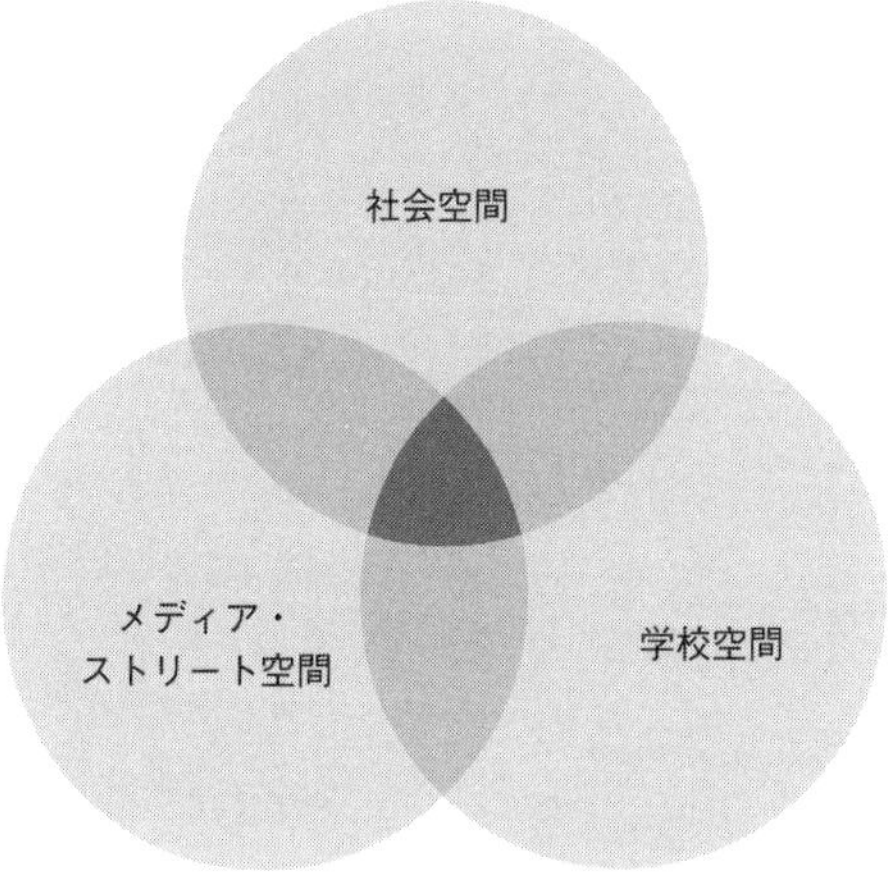

図5　〈ヤンチャな子ら〉の生活実践を規定する諸力

そこで重要になるのが、ヴァカンや石岡が研究の土台としたブルデューの議論に立ち返ることである。ブルデューの社会理論の全体像をここで論じることは難しいが、次の点だけ確認しておこう。すなわち、ブルデューは、これから諸個人がたどるであろう軌道は特定の界（スポーツ界や芸術界、その他あらゆる界）の力学と、その諸個人の出身階級やたどってきた軌道によって決定されると考えていたという点である。例えば、ギュスターヴ・フローベールの長篇

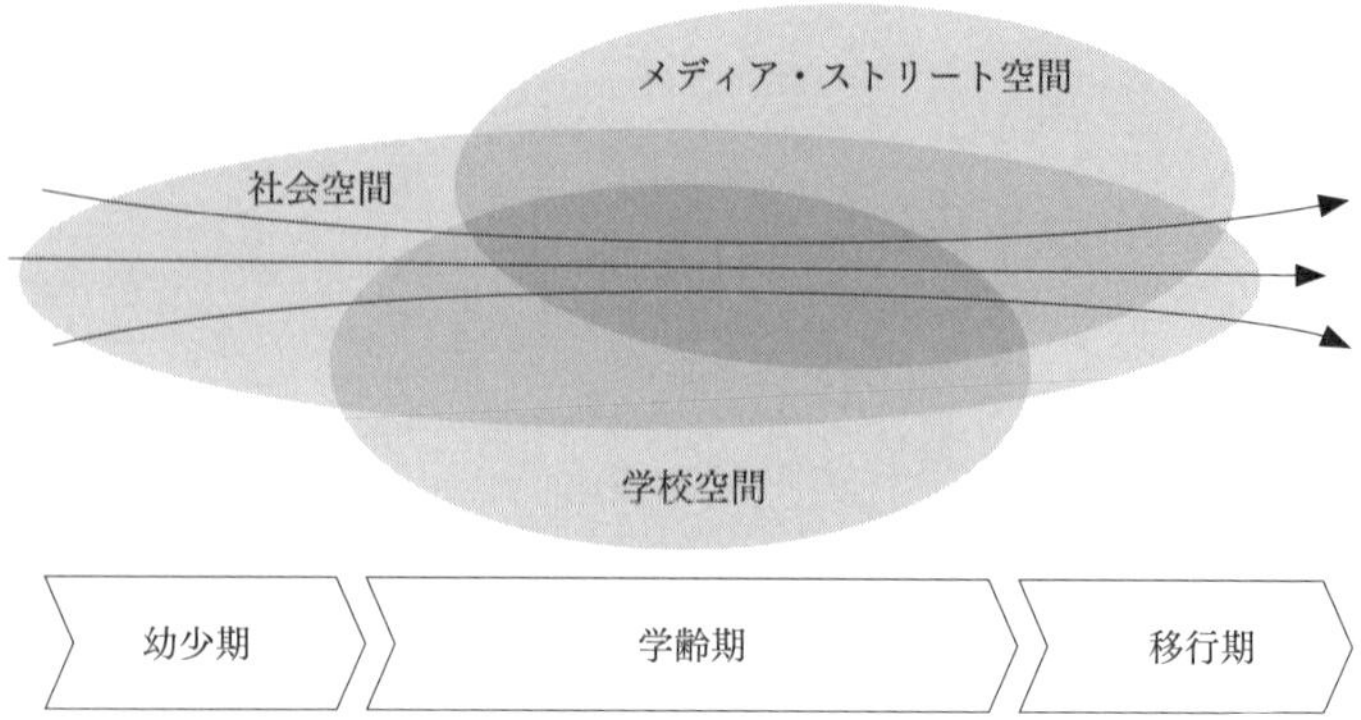

図6　〈ヤンチャな子ら〉の軌道を規定する諸力

小説『感情教育』の登場人物の関係性を分析する際に、ブルデューは次のように述べている。

> 学生という立場が共通であることから、とりあえずひとまとめにされた五人の青年——主人公フレデリックも含めて——は、ちょうど物理学でいう「力場」の中に投げ出された粒子のように空間の中に投げ出されるのであり、彼らのたどる軌道は、〈場〉の諸力と各人に固有の慣性との関係によって決定されることになる。[61]

このブルデューの指摘を参考にすれば、メディア・ストリート空間、学校空間、社会空間という三つの力学に同じように影響を受けながらも、〈ヤンチャな子ら〉という集団に属する諸個人の高校入学以後の生活実践は一様ではなく、高校入学までにたどってきた軌道に応じて様々な形をとりうることが想定される。諸個人の生活実践は、三つの力学とそれまでの軌道とに規定されてどのように決定されていくのか。そして、そこにどのようなパターンが見いだせるのか。このように想定すれば、彼らの出自から学校卒業後までの軌道を分析し、一つの集団のようにみえる〈ヤンチャな子ら〉の内部の多様性を明らかにすることができるだろう。以上をふまえて、先に示した図5を、図6のように改める。

この図6は、図5に時間軸（左から右へ）と諸個人の軌道の多様性（複数の矢印）を加えたものである。幼少期から学齢期を経て、大人への移行期へと時間が流れるなかで、諸個人は、三つの力学に規定されている。三つの力学のうち、社会空間の作用は、幼少期から移行期までの全期間で諸個人の軌道に影響を及ぼすだろう。一方、学校空間の作用は、学齢期に学校やその文化や価値観を体現する教師との関係で現れる。さらにそれらと重なりながらも、メディア・ストリート空間から生じる特有の力学が同輩集団内部での位置関係や力関係を規定していて、それは学校生活だけでなく移行期にまで影響を及ぼすものだろう。以上のことを示したのが図6であり、本書では、この図に示されるように、三つの力学が重なり合い、ときに葛藤したり、互いに強化し合ったりしながら、諸個人の軌道を規定していくさまを明らかにしていく(62)。

それでは、以上の分析方針を念頭に置きながら、次章から具体的な分析に入っていこう。

注

（1）文化人類学では、文化の内側からみて意味がある構造を探る視点を「エミック」、外側から構造的な体系化を試みる視点を「エティック」という（小泉潤二「エミックとエティック――言語研究における概念を文化研究に援用し、「内側」の視点と「外側」の視点を対比する」、山下晋司／船曳建夫編『文化人類学キーワード 改訂版』〔有斐閣双書 Keyword series〕所収、有斐閣、二〇〇八年、八―九ページ）。本書で用いているヤンキーを指し示す諸概念をこれらの対概念を用いて整理すれば、〈ヤンチャな子ら〉というカテゴリーは「エミック」なものであり、「反学校的生徒文化」「フリーター・ニート」「貧困・生活不安定層」といったカテゴリーは「エティック」なもの、そしてヤンキーはそのどちらにも当てはまりうる概念である。〈ヤンチャな子ら〉という「エミック」なカテゴリーだけでは彼らをどのような存在かを学術的・社会的に同定することができなくなってしまう一方、彼らを「エティック」な学術用語によって早急にカテゴリー化しようとすると、彼らの生活の全体像を把握することが難しくなってしまう。本書では、これまで提示されてきた学術的な知見を最大限に生かしながら、〈ヤンチャな子ら〉の生活の全体像を可能なかぎり把握しようとするために、その両者をつなぐ概念として「ヤンキー」を用いている。

(2) 前掲『暴走族のエスノグラフィー』、前掲『ヤンキー・暴走族・社会人』

(3) 前掲『暴走族のエスノグラフィー』二二六―二三〇ページ

(4) 前掲『ヤンキー・暴走族・社会人』一二四ページ

(5) 前掲『暴走族のエスノグラフィー』一八一ページ

(6) 同書二一六―二三〇ページ

(7) 同書二六五―二七八ページ

(8) 大山昌彦「ダンシング・イン・ザ・ストリート――茨城県A市におけるロックンロールをめぐる民族誌」、東京都立大学社会人類学会編「社会人類学年報」第二十四巻、弘文堂、一九九八年、同「暴走族文化の継承――祭り・改造車・ロックンロール」、前掲『ヤンキー文化論序説』所収。なお、これら二つの論文では、調査対象になった暴走族の名称が異なっている。前者では「将軍」、後者では「幕府」となっているが、その記述された内容から同一の暴走族だと考えられるため、本書では「幕府」という名称で一貫して呼ぶ。

(9)前掲「暴走族文化の継承」一九七ページ

(10)同論文一九九ページ

(11)前掲『暴走族のエスノグラフィー』二六七ページ

(12)例えば、前掲『ヤンキー文化論序説』。

(13)序章の注(5)でも述べたように、その例外として、パシリとして暴走族に参与するなどして対象者とラポールを築き、ヤンキーの若者たちの調査を続けている打越の研究が挙げられる。打越正行「仕事ないし、沖縄嫌い、人も嫌い――沖縄のヤンキーの共同性とネオリベラリズム」(社会理論・動態研究所編「理論と動態」第一号、社会理論・動態研究所、二〇〇八年)、同「〈地元〉の不変性とダイナミズム――〈地元〉周縁に生きる沖縄の下層若者から」(社会理論・動態研究所「理論と動態」第三号、社会理論・動態研究所、二〇一〇年)、同「沖縄の暴走族の文化継承過程と〈地元〉――パシリとしての参与観察から」(首都大学東京・都立大学社会学研究会編「社会学論考」第三十二号、首都大学東京・都立大学社会学研究会、二〇一一年)など。ただし、打越の研究は、彼らのファッションやスタイルを読み解くというよりは、労働市場との関係性に主眼があり、本書の整理では「階層文化としてのヤンキー」像を提示する研究に位置づけることにしたい。

(14)現代日本の若者たちが置かれた状況を概観するためには、以下の文献が参考になる。前掲『若者と仕事』、乾彰夫『〈学校から仕事へ〉の変容と若者たち――個人化・アイデンティティ・コミュニティ』(Aoki 教育 library)、青木書店、二〇一〇年。また、それが日本だけでなく先進国で共通している現象であることを知るためには、以下の文献を参照。Andy Furlong and Fred Cartmel, *Young People and Social Change*, 2nd ed., Open University, [1997] 2007.（アンディ・ファーロング／フレッド・カートメル『若者と社会変容――リスク社会を生きる』乾彰夫／西村貴之／平塚眞樹／丸井妙子訳、大月書店、二〇〇九年）, Gill Jones, *Youth*, Polity Press, 2009.

(15) 前掲「暴走族文化の継承」一九九ページ

(16) 前掲『ヤンキー・暴走族・社会人』六八ページ

(17) 前掲『暴走族のエスノグラフィー』二七六ページ

(18) アメリカとイギリスで展開してきた生徒文化研究を整理した白石義郎は、そこに二つの異なるアプローチが内在していることを指摘している。すなわち、学校から求められる生徒としての役割期待を重視する「学校文化論」的アプローチと、ユース・カルチャーからの役割期待に注目する「青少年の下位文化論」的アプローチである。この整理に従えば、高校の階層構造との関係に焦点を当ててきた日本の生徒文化研究は、そのほとんどが前者のアプローチでなされてきたといえるだろう（白石義郎「「生徒のサブ・カルチャー」再考――パラダイムによる理論化への試論」、日本教育社会学会編集委員会編「教育社会学研究」第三十一集、東洋館出版社、一九七六年）。

(19) 例えば、以下のような論文を挙げることができる。野村哲也「都市高校生の生活態度と価値観――その分化と学校差」、日本教育社会学会編集委員会編「教育社会学研究」第二十二集、東洋館出版社、一九六七年、米川英樹「高校における生徒下位文化の諸類型」、大阪大学人間科学部編「大阪大学人間科学部紀要」第四号、大阪大学人間科学部、一九七八年、耳塚寛明「生徒文化の分化に関する研究」、日本教育社会学会編集委員会編「教育社会学研究」第三十五集、東洋館出版社、一九八〇年、武内清「高校における学校格差文化」、日本教育社会学会編集委員会編「教育社会学研究」第三十六

集、東洋館出版社、一九八一年、樋田大二郎「中・高校生の問題行動に関する研究――生徒文化研究適用による検討」、日本教育社会学会編集委員会編「教育社会学研究」第三十七集、東洋館出版社、一九八二年、穂坂明徳「高校生の逸脱と生徒文化」、日本教育社会学会編集委員会編「教育社会学研究」第三十九集、東洋館出版社、一九八四年

(20) 長谷川裕「生徒文化――日本におけるその様態と変容」、堀尾輝久/奥平康照/佐貫浩/久冨善之/田中孝彦編『学校文化という磁場』(「講座学校」第六巻)所収、柏書房、一九九六年、七八ページ

(21) 前掲「高校における生徒下位文化の諸類型」

(22) 岩木秀夫/耳塚寛明「高校生」、岩木秀夫/耳塚寛明編集・解説『高校生――学校格差の中で』(「現代のエスプリ」第百九十五巻)所収、至文堂、一九八三年、一一ページ

(23) 前掲「生徒文化の分化に関する研究」

(24) 前掲『暴走族のエスノグラフィー』、前掲『ヤンキー・暴走族・社会人』

(25) 例えば、この耳塚論文の三年後に出版された前掲『高校生』一〇ページでは、反学校的下位文化(反学校的生徒文化とほぼ同義)について次のように説明している。

「学校や教師の持つ価値からの逸脱をうながし、時として社会規範からの逸脱にいたることもある。非行型、反抗型、逸脱型下位文化とも呼ばれる。そのトラックにいることが必ずしも彼(ら)の欲する高い社会的地位を保証しないと考えられるとき、地位欲求不満を抱いた末に形成される。学校や教師の持つ価値と正反対の行為(怠学や校則違反等)に価値を付与することにより、地位欲求不満を解決する(反動形成)。より低位のトラックに形成されやすい」

この説明のなかでは、耳塚論文(前掲「生徒文化の分化に関する研究」)が提示していた地位欲求不満以外のモデル(文化衝突モデルと学校の組織構造モデル)が想定されていないのである。

(26)前掲『排除する社会・排除に抗する学校』
(27)同書一三四ページ
(28)桜井哲夫『不良少年』(ちくま新書)、筑摩書房、一九九七年
(29)同書一四七ページ
(30)前掲『大衆教育社会のゆくえ』
(31)長谷川裕「生活困難層の青年の学校「不適応」――彼らはそれをどう体験しているか」、久冨善之編著『豊かさの底辺に生きる――学校システムと弱者の再生産』所収、青木書店、一九九三年、西田芳正「文化住宅街の青春――低階層集住地域における教育・地位達成」、谷富夫編『ライフ・ヒストリーを学ぶ人のために』所収、世界思想社、一九九六年
(32)大多和直樹『高校生文化の社会学――生徒と学校の関係はどう変容したか』有信堂高文社、二〇一四年。なお、この研究で「逸脱文化」の指標とされているのは、「喫煙」「パーマ・リーゼント・茶髪・ロン毛」「パチンコ・ゲームセンター」のそれぞれに、興味関心がある=1、ない=0と点数化して和をとったもの、「消費文化」は「街でぶらぶらしているとき」が大切かどうか、「制服も街にいくときのファッションになる」に当てはまるかどうか、をそれぞれ四水準で回答を求めたものを指標としている。
(33)武内清「女子の生徒文化の特質」、日本教育社会学会編集委員会編「教育社会学研究」第四十集、東洋館出版社、一九八五年
(34)前掲「ジェンダー・サブカルチャーのダイナミクス」
(35)苅谷剛彦『学校・職業・選抜の社会学――高卒就職の日本的メカニズム』東京大学出版会、一九九一年、竹内洋『日本のメリトクラシー――構造と心性』東京大学出版会、一九九五年

(36)前掲『学校・職業・選抜の社会学』二一九ページ
(37)同書一六五ページ
(38)前掲『日本のメリトクラシー』二二二ページ
(39)前掲「ストリートダンスからフリーターへ」
(40)同論文一六六ページ。確かに、新谷の指摘に「学校への抵抗はそれほど強いものではないし、階級的、世代的つながりも強固なものは感じさせない」とあるように、二〇〇〇年代以降の研究でも、日本の若者と〈野郎ども〉の違いへの言及はみられる。しかしそれでも、両者の共通性を強調している点でそれ以前の時代とは異なっている。また、前述したように、一九九〇年代の苅谷や竹内の研究では、日本の学校で〈野郎ども〉のような反抗がみられなかった要因をイギリスと日本の違いに帰属させているが、二〇〇〇年代以降では、同じような現象（〈野郎ども〉のような反抗をする生徒の不在）が観察された場合でも、その違いが生じる理由について異なる解釈がなされる傾向にある。例えば、商業高校でアクションリサーチをおこなった研究には次のような言及がある。
「かれらの家族の語りには、その家族が帰属するとされる階級の文化的要素が語られることも少ない。もちろん、大学に行くことを親が勧めないという意味ではその種の文化的要素がみられるということもできる。だが、ウィリスが描いた「野郎ども」のような、労働者階級としての「われわれ意識」に裏打ちされた中産階級への対抗的な語りは、本活動のいずれのケースからも聞かれなかったのである。ここはまさに、ベックが述べたような、社会的不平等や社会的危険の個人化を反映した状況が生じていると言える」（酒井朗編著『進学支援の教育臨床社会学——商業高校におけるアクションリサーチ』勁草書房、二〇〇七年、一〇六ページ）
ここでは、〈野郎ども〉のような反抗をする生徒の不在に対して、先に見た苅谷や竹内とは異なり、ウルリヒ・ベックによる個人化論を参照して解釈している（Ulrich Beck, *Risikogesellschaft. Auf dem Weg in eine andere Moderne*, Suhrkamp, 1986.〔ウルリヒ・ベック『危険社会――新しい近代への道』東廉／伊藤美登里訳（叢書・ウニベルシタス）、法政大学出版局、一九九八年〕）。つまり、先進諸国であればある程度共通している時代状況の反映として解釈されていて、国の違いとしては解釈されていないのである。

（41）部落解放・人権研究所編『排除される若者たち――フリーターと不平等の再生産』部落解放・人権研究所、二〇〇五年

（42）具体的には、次のような研究がある。コンビニエンスストアやケアワークの現場で働く若者のエスノグラフィー（本田由紀編『若者の労働と生活世界――彼らはどんな現実を生きているか』大月書店、二〇〇七年）、高校卒業後の五年間を追跡した乾らのインタビュー調査（前掲『18歳の今を生きぬく』、前掲『高卒5年 どう生き、これからどう生きるのか』、前掲『高卒女性の12年』）、ノンエリート青年たちの「なんとかやっていく」世界を描く研究（前掲『ノンエリート青年の社会空間』）、「夜の仕事」に従事する若者たちの研究（前掲「建築業から風俗営業へ」、前掲『裸足で逃げる』）、ネットワークを駆使して居酒屋経営をしている若者の研究（上原健太郎「ネットワークの資源化と重層化――沖縄のノンエリート青年の居酒屋経営を事例に」、日本教育社会学会編集委員会編「教育社会学研究」第九十五集、東洋館出版社、二〇一四年）、地方の若者たちの労働経験を描く研究（前掲「地方の若者による労働世界の再構築」、前掲「「地元」労働市場における若者たちの「大人への移行」」）、スケートボードをする若者たちの日常実践を描くエスノグラフィー（田中研之輔『都市に刻む軌跡――スケートボーダーのエスノグラフィー』新曜社、二〇一六年）、マニュアル労働に就くヤンキー少年の価値規範と生活様式を分析した研究（佐々木洋成「価値規範と生活様式――ヤンキー少年に見

る職業・進路選択の契機」、関東社会学会機関誌編集委員会編「年報社会学論集」第十三号、関東社会学会、二〇〇〇年）、ヤンキー文化とブルーカラー労働の相互関係を検討した研究（筒井美紀／阿部真大「文化は労働につれ、労働は文化につれ――ヤンキー文化とブルーカラー労働の相互関係を事例に」、広田照幸編著『若者文化をどうみるか？――日本社会の具体的変動の中に若者文化を定位する』所収、アドバンテージサーバー、二〇〇八年）などである。

(43) 例えば次のような文献などである。青木紀編著『現代日本の「見えない」貧困――生活保護受給母子世帯の現実』（明石ライブラリー）、明石書店、二〇〇三年、城所章子／酒井朗「夜間定時制高校生の自己の再定義過程に関する質的研究――「編成資源」を手がかりに」、日本教育社会学会編集委員会編「教育社会学研究」第七十八集、東洋館出版社、二〇〇六年、青砥恭『ドキュメント高校中退――いま、貧困がうまれる場所』（ちくま新書）、筑摩書房、二〇〇九年、盛満弥生「学校における貧困の表れとその不可視化――生活保護世帯出身生徒の学校生活を事例に」、前掲「教育社会学研究」第八十八集、前掲『生活保護世帯の子どものライフストーリー』

(44) 前掲『排除する社会・排除に抗する学校』一二三ページ

(45) 同書一〇四ページ

(46) 同書九五―一〇一ページ

(47) 西村貴直『貧困をどのように捉えるか――H・ガンズの貧困論』春風社、二〇一三年、三二四ページ

(48) 前掲『ヤンキー・暴走族・社会人』六三ページ

(49) 本書で提示したヤンキー研究が抱える二つの課題は、英語圏での若者研究やサブカルチャー研究で指摘されていることと通底するものがある。例えばウィリス（Willis, *op.cit.*〔前掲『ハマータウンの

野郎ども』〕）やディック・ヘブディジ（Dick Hebdige, *Subculture: The Meaning of Style*, Methuen, 1979.〔ディック・ヘブディジ『サブカルチャー――スタイルの意味するもの』山口淑子訳、未来社、一九八六年〕）に代表される、一九七〇年代にバーミンガム現代文化研究センター（以下、CCCSと略記）でおこなわれた若者研究を念頭に置いて、ルバルト・ヴァインツィアールとデヴィッド・マグルトンは次のように指摘する。「CCCSの分析はいまでも先駆的な科学的営みとみなすことができるが、それらはもはや二十一世紀の政治的・文化的、そして経済的現実を反映しているとは思えない」（David Muggleton and Rupert Weinzierl eds., *The Post-Subcultures Reader*, Berg Publishers, 2003, p5.）。ヴァインツィアールとマグルトンがこのように指摘する背景には、「明確に区別でき、同定可能なサブカルチャー」（*ibid*., p.6.）を想定すること自体が難しくなってきているという現状認識がある。そこでヴァインツィアールとマグルトンは、サブカルチャーの流動性や多元性、混交性に着目したポスト・サブカルチャー研究をおこなう必要性を説くのだが、その一方で、サブカルチャーの内部を注視し、その外部の力学を考慮しないこともまた批判する。例えばポスト・サブカルチャー研究の代表として、サラ・ソーントンの研究（Sarah Thornton, *Club Cultures: Music, Media, and Subcultural Capital*, Wesleyan University Press, 1996.）は、「サブカルチャー内部で作動している嗜好の差異化」に関心を寄せる一方で、「この分析のモードは、事実上、若者文化からマクロな政治的側面を奪っている」（Muggleton and Weinzierl eds., *The Post-Subcultures Reader*, p.13.）というのである。

（50）石岡丈昇『ローカルボクサーと貧困世界――マニラのボクシングジムにみる身体文化』世界思想社、二〇一二年、Loïc J. D. Wacquant, *op.cit*（前掲『ボディ&ソウル』）. ちなみに、ブルデュー派のエスノグラフィーという点では、前掲『都市に刻む軌跡』も参考になる。

(51) Wacquant, *op.cit.*（前掲『ボディ&ソウル』八一ページ）
(52) 前掲『ローカルボクサーと貧困世界』
(53) Pierre Bourdieu, *Chose dites*, *Paris*, Les Editions de Minuit, 1987.（ピエール・ブルデュー『構造と実践——ブルデュー自身によるブルデュー』石崎晴己訳〔Bourdieu library〕、藤原書店、一九九一年、第十四章）
(54) 前掲『ローカルボクサーと貧困世界』二九ページ
(55) 同書二九ページ
(56) Pierre Bourdieu, *Les règles de l'art: genèse et structure du champ littéraire*, Éditions Du Seuil, 1992（ピエール・ブルデュー『芸術の規則』第一・二巻、石井洋二郎訳〔Bourdieu library〕、藤原書店、一九九五・一九九六年）, Pierre Bourdieu, *Les structures sociales de l'économie*, Editions du Seuil, 2000（ピエール・ブルデュー『住宅市場の社会経済学』山田鋭夫／渡辺純子訳〔Bourdieu library〕、藤原書店、二〇〇六年）.
(57) レイモンド・ウィリアムズは、文化（culture）という概念の歴史性をたどり、現在通用している用法を次の三つに分類している。すなわち、①「知的・精神的・美学的発達の全体的な過程」という独立した抽象名詞、②「ある国民、ある時代、ある集団、あるいは人間全体の、特定の生活様式」をさす独立名詞、③「知的、とくに芸術的な活動の実践やそこで生み出される作品」をいう独立した抽象名詞、という三つの用法である（Raymond Williams, *Keywords: A Vocabulary of Culture and Society*, Revised Version, Harper Collins,［1976］1983〔レイモンド・ウィリアムズ『完訳キーワード辞典』椎名美智／武田ちあき／越智博美／松井優子訳（平凡社ライブラリー）、平凡社、二〇一一年、一四四ページ〕）. 本書で「文化」という場合、このうち②の意味で用いている。

(58) さらにいえば、そこには地域文化も含まれる。このように考えれば、本書でいう「階層文化」とは、「階級・ジェンダー・地域などの作用が混じり合うなかで具体的に人々の生活のなかに生起する価値観や行動様式」として定義できるだろう。この定義は、橋本健二による階級−階層概念の整理を参考にしている(橋本健二「「格差社会論」から「階級−社会階層研究」へ」、日本社会学会編「社会学評論」第五十九巻第一号、日本社会学会、二〇〇八年)。橋本は、日本の「階級」と「階層」をめぐる議論をたどり、「両者を生産的に共存させる方法」(同論文一〇六ページ)を提案した。それを要約すれば、「階級」を「資本家階級・労働者階級・旧中間階級・新中間階級」の四階級図式で捉え、「階層」を諸制度(産業構造、労働市場、家族、国家と政党システムなど)に媒介され、現実に現れる諸集団として捉えようとするものである。

(59) 前掲「ジェンダー・サブカルチャーのダイナミクス」

(60) 男性を「ジェンダー化した存在」として捉えることの意義や英語圏での男性性研究の概要については、多賀太の『男らしさの社会学——揺らぐ男のライフコース』(〔Sekaishiso seminar〕、世界思想社、二〇〇六年)に詳しい。多賀は日本で男性性研究を牽引してきた一人だが、彼の分析対象は、大学生や「サラリーマン社会の成功者」であり、本書とは対照的である(多賀太『男性のジェンダー形成——〈男らしさ〉の揺らぎのなかで』東洋館出版社、二〇〇一年、同編著『揺らぐサラリーマン生活——仕事と家庭のはざまで』ミネルヴァ書房、二〇一一年)。その意味で、本書は、多賀の男性性研究と補完関係にあると位置づけられる。

(61) 前掲『芸術の規則』第一巻、三〇ページ。なお、フランス語で champ、英語では field に相当するブルデューの概念は、日本語では、「界」あるいは「場」と訳されていて、統一されていない。石岡がいう「界」はこの意味での「界」であり、参照する訳文によっては「場」になっている。

(62) ちなみに、いくつかの力学を重ね合わせてユース・サブカルチャーを分析するという点では、本書は難波功士の『族の系譜学――ユース・サブカルチャーズの戦後史』(青弓社、二〇〇七年)に近い。難波は、「階級」「場所」「世代」「ジェンダー」「メディア」という五つの視角を重ね合わせて、「太陽族」や「暴走族」などのユース・サブカルチャーズを分析している。しかし、「「過去にあったであろうどこか」の歴史(学)的な探査をめざす」(同書六〇ページ)難波の関心とは異なり、本書の関心は、「いまここ」を具体的に生きる〈ヤンチャな子ら〉であり、もっといえば、彼らがどのように学校生活を送り、大人へとなっていくのか、すなわち、彼らの生活実践とそれがもたらす帰結にある。

第2章 〈ヤンチャな子ら〉の学校経験——教師との関係に着目して

1 〈ヤンチャな子ら〉と教師の対立？

〈ヤンチャな子ら〉がX高校でそのように呼ばれているのは、いうまでもなく、ケンカや喫煙、教師への反抗などの〈ヤンチャ〉な行動を繰り返すからである。そうした彼らの振る舞いや態度からすると、彼らは、学校的な価値観と葛藤する価値観を有し、教師たちと対立する存在と予想できるだろう。実際、調査のときに〈ヤンチャな子ら〉と教師たちが対立する場面は多々みられた。例えば次のような場面である。この授業では、授業が始まってすぐに担任の中井先生がトオルの身なり違反を注意したために、二人は緊張状態にあった。

職場体験の場所を決める時間。トオルがヒトシに「ヒトシ、ヒトシ」と話しかける。ヒトシに職場体験の希望先を聞こうとしているのだ。それを中井先生は注意した。それに対して、トオルは「ダサイぞ」と言い返すが、中井先生も「お前のほうがダサイ」とさらに言い返す。授業に集中しようとしないトオルに対して、中井先生は「また今年も留年してしまうぞ」と言うが、トオルは「留年してもただ辞めるだけやし。学校なんて、遊びにきているだけやで」と言い返した。

その後も中井先生とトオルの緊張状態は続く。中井先生に注意されたにもかかわらず、またトオルはヒトシに話しかけた。それに対して、中井先生は大きい声で「静かにしなさい」と言うが、トオルは「お前がじゃからしい（やかましい）んじゃ、筋肉バカヤロー」とより大きな声で言い返した。その後もしばらく言い合いは続き、最終的に取っ組み合いのようになった。

（フィールドノーツ、二〇〇九年十月二十三日）

この場面に典型的に表れているように、確かに〈ヤンチャな子ら〉と教師たちはときに対立していた。とはいえ、両者の関係を常に対立しているものとして捉えてしまうと、彼らと教師との関係性の重要な側面を見逃すことになる。そこで本章では、〈ヤンチャな子ら〉が、学校文化を体現する存在である教師たちと実際にどのような関係を築いているのかを記述していこう。

2 学校文化の三つのレベル

〈ヤンチャな子ら〉と教師たちの関係性について、どのような点に着目して分析していけばいいのだろうか。その際にまず想起されるのは、やはり、ウィリスの『ハマータウンの野郎ども』である。ウィリスは、〈野郎ども〉が学校の価値観を退けて教師に反抗する姿を生き生きと描き出すなかで次のようにいう。

どの学校にも反抗的な生徒グループは存在するものだが、反学校の文化がとりわけ労働者階級の少年たちの場合に独特の鋭さや手強さを示すのは、彼らが学校の外に広がる労働者階級の文化に安んじて依拠できるからである。(1)

本書が対象にする〈ヤンチャな子ら〉の親の学歴構成をみてみると(巻末資料を参照)、「中卒」や「高校中退」が少なくなく、「大卒」は一人となっている。また、「生活保護世帯」で育った者もいる。したがって、ウィリスの指摘をはじめとする、これまでの教育社会学的な研究で明らかにされてきた知見(2)をふまえれば、彼らが育ってきた家庭の文化は、学校文化と親和的でない可能性が高い。そこで本章では、まず〈ヤンチャな子ら〉の家庭の文化と学校文化の間にある葛藤に注目したい。[3]

もっとも、そこに着目するだけでは十分ではない。なぜなら、生徒たちの家庭の文化と学校文化との間の葛藤の程度は、生徒たちが直接対峙する教師たちの反応に大きく規定されるからである。例えば古賀正義は、教育困難校での参与観察を通して、フォーマルな学校制度と生徒たちの抱えるインフォーマルな文化を調和させるために、教師たちが「現場の教授学」と呼ぶべきものを発達させていることを明らかにした。[4]また、伊佐夏実はこの「現場の教授学」概念を援用し、ミドルクラス出身者が多くを占める中学校とワーキングクラス出身者が多い中学校の二つを比較して、その違いを描き出した。[5]すなわち、前者が生徒と極力衝突しないように緩やかに統制しようとするのに対して、後者では、教師と生徒の立場をはっきりさせたうえで生徒との衝突も辞さないという姿勢が強調されているというのである。[6]これらの「現場の教授学」に関する研究が示しているのは、たとえフォーマルな学校文化と生徒たちの家庭の文化が原理的に葛藤していたとしても、現場の教師たちがどのように両者の関係性を調整しているかによって、生徒たちの学校経験は大きく変わってくるということだ。

したがって、〈ヤンチャな子ら〉と学校文化、ないしはそれを体現する教師たちとの関係を分析する際には、フォーマルな学校文化と現場レベルでおこなわれている教育実践を区別する必要があるだろう。このことを整理する際、志水宏吉による学校文化の定式化が有用である。[7]志水によれば、学校文化は次の三層に整理できるという。すなわち、①近代制度としての学校がもつ文化、②国・時代・段階別の学校文化、③個別学校の文化、である。本章の目的からすれば、現代日本の学校であれば共通して備えているような学校文化（①と②のレベル）と、個別の学校文化（③のレベル）を少なくとも明確に区別して分析する必要があるだろう。とくに日本では高校入試があるために、入学してくる生徒の学力や出身階層は高校間で大きく異なっている。そうであるとすれば、〈ヤンチャな子ら〉が担っている文化とフォーマルな学校文化との間の葛藤を描くだけでは不十分で、X高校に特有の学校文化ないしは「現場の教授学」がどのようなものであり、教師たちと〈ヤンチャな子ら〉が具体的な場面でどのようなやりとりをしているのか、という点まで視野に収めなければならないだろう。

以上をふまえ、本章では、〈ヤンチャな子ら〉の家庭の文化とフォーマルな学校文化との間にある関係性を確認し（第3節）、そのうえで、それが教師との具体的なやりとりのなかでどのように現れ（第4節）、結果として彼らと教師たちとの間にどのような関係性が築かれているのかを明らかにしていきたい（第5節）。

3　家庭の文化と学校文化の葛藤

まず、彼らの家庭の文化とフォーマルな学校文化との間に、どのような葛藤があるのかを確認しよう。以下では、それを趣味、教育の論理、将来展望という側面から描いていくことで、彼らが学校をどのように捉えているのかを確認する。

親と共有された趣味

〈ヤンチャな子ら〉のなかには、サーフィンやバイク、パチンコなどを趣味にしている者が多く、彼らの趣味は、しばしば学校文化と葛藤を起こす原因になっていた。例えば、パンクロックが好きなカズヤは、パンクロッカーを彷彿させる身なり（赤く染めた髪、ボディピアスなど）をしていて、それが原因で何度も指導を受けている。また、「バイクいじり」が好きだという中島は、バイクで学校に通学したことから、停学になったことがある。

図7　校内に張られた身なり指導に関する紙

メディア・ストリート空間の力学によって消費文化が若者の生活に広く浸透している現在、このような事例はめずらしいものではないだろう。だが、ここで注目すべき点は、〈ヤンチャな子ら〉が、そうした趣味に興味をもったきっかけを、「親の影響」だと語っていたことである。例えば、前述のカズヤは、パンクロックを聴くようになった経緯について、「初めは（オトンが好きな）GREEN DAY から入って、それからSUM41を聴くようになった」と語っていた。次の中島やシュウの語りにも、「親の影響」が典型的に示されている。

知念：（離婚して別居している）お父さんとも連絡とってるの？
中島：スノボ行ったり、サーフィン行ったりすんで。
知念：それはお母さんとか妹も一緒に？
中島：ちゃう。おれとオトンと、オトンの友達。オカンと妹は（お父さんとは）もう関わらんといて、って言うけど、そんなん関係ないしな。
知念：じゃあ、中島は一人でオトンとスノボ行ったり、サーフィン行ったりするんだ？
中島：そう。おれの好きなこと、全部オトンからやで。（フィールドノーツ、二〇一〇年六月四日）

知念：シュウ、サーフィンしてるんだって？
シュウ：なんで知ってるん？
知念：風のうわさで（笑）。
シュウ：どうせ、アミ（女子生徒）とかやろ。（サーフィン）してるで。（おなかを見せて）だから黒いやろ？
知念：あ、これマジの日焼けか。スグルとかみたいな日サロではないんだ？
シュウ：（スグルを指しながら）こいつらのは偽もんやろ。おれのは（本当の）日焼け。

知念：何がきっかけで、始めたの？
シュウ：オトン。二歳の頃から（サーフィンを）見にいったりしててん。（フィールドノーツ、二〇一〇年五月二十八日）

これらの会話に表れているように、〈ヤンチャな子ら〉が学校文化と葛藤を起こす原因となる趣味の背景には、「親の影響」がある。もちろん、カズヤの語りに「GREEN DAY から入って、それから SUM41を聴くようになった」とあるように、「親の影響」だけではなく、そこに彼らなりの独自の解釈が加わっていて、その意味でいえば、〈ヤンチャな子ら〉の文化は、家庭の文化と若者文化の相互作用の産物である。とはいえ、〈ヤンチャな子ら〉の学校での振る舞いや価値観の出発点に「親の影響」があって、親と趣味を共有するほどにフォーマルな学校文化と葛藤を起こすことになるというのは重要だろう。

学校教育の論理と家庭教育の論理との不一致

また、〈ヤンチャな子ら〉は、家庭教育の論理を学校教育の論理に対置することで、自らの行為に正当性を与えようとする。とりわけ、喫煙に対する〈ヤンチャな子ら〉の考え方に、それを垣間見ることができる。

知念：（タバコ）吸ってるよね。親の反応とかどうなの？　親の前でも吸うの？　部屋とかで。

中島：自己責任やから知らんって言われただけ。あんたの命の量が減るだけや、って言われただけ。（インタビュー、二〇一〇年七月七日）

知念：（坂田は喫煙で）停学なったときさ、お母さんとかなんか言ってた？　怒られた？

坂田：怒られはせーへんかったけど、注意はされた。

知念：なんて？

坂田：あんま学校で、ばれるとこで吸うなみたいな。（インタビュー、二〇一〇年七月十五日）

学校は「喫煙行為それ自体をしてはいけない」から停学にしているのに対して、彼らの親たちは、喫煙行為それ自体は「自己責任」であり、学校で「ばれる」ことや、それによって「親に迷惑かける」ことがいけないのだという。家庭と学校の教育の論理にこのような不一致がみられるのである。そして、その不一致を〈ヤンチャな子ら〉は認識していて、そうした家庭教育の論理を背後にもつ彼らは、停学になったところで「喫煙」自体を反省することなく、「いかに教師にばれずにタバコを吸うか」に気を使うようになるのである。

また、〈ヤンチャな子ら〉の親の学歴は、すでに述べたように「中卒」や「高校中退」の割合が高い。巻末資料にある親の学歴の欄をみると、学歴がわかっている十五人の親のうち大卒一人、高卒七人、高校中退四人、中卒三人と低学歴に偏った構成になっている。(8) 印象深いのは、親のそうした学歴を誇らしげに語る彼らの姿である。

知念：（コウジの）オトン（の学歴）は？
中村：オトンは出てへんな。中卒やな。中学もろくにいってなかったっていう話やけどな。（インタビュー、二〇一〇年九月二十六日）

知念：（中村の）お母さんの学歴とか聞いていい？
中村：オカンもX高校。
知念：卒業してる？
中村：中退。おれの親、全員中退。
知念：（義理の）お父さんも？
中村：いまのオトンはA工業？B工業？かどっかいって卒業してる。（インタビュー、二〇一〇年九月二十六日）

中村は、小学校の頃に両親が離婚した後、母親に引き取られ、現在は母親とその再婚相手である義父と暮らしている。この場面で中村は、義父が高校を卒業しているにもかかわらず、私が問うまで「おれの親、全員中退」と強調した。このとき、中村は二度目の留年が決まりかけていたが、そのような状況に置かれた中村にとって、「全員中退」という親の学歴は、留年して中退しそうになっている自らの置かれた状況に正当性を与えてくれるものだったのだろう。

このように〈ヤンチャな子ら〉は、「未成年が喫煙をしてはならない」「進級しなければならない」という学校教育の論理と、「親に迷惑がかかる」「全員中退」という家庭教育の論理や家庭の状態との間に不一致を見いだしている。そして彼らは、そうした家庭教育の論理を盾にして、自らの行為を正当化していくのである。

学校文化への異化と同化とのジレンマに置かれた〈ヤンチャな子ら〉

このように、彼らの学校生活には、家庭の文化の影響力が垣間見え、それはウィリスが見いだした反学校文化と階級文化の連続性に類似している。それでは、〈野郎ども〉が肉体労働を積極的に選び取ったように、〈ヤンチャな子ら〉も、親たちの人生に自分の人生を重ね合わせて、将来展望を紡いでいるのだろうか。

彼らに将来就きたい仕事を聞いてみると、「ハリウッド・スター」や「とりあえず、なんかテレビに出る人になりたいわ」といった現実離れした答えが多く、しかも聞くたびに変わっていった。こうした〈ヤンチャな子ら〉の将来展望は、親たちの人生と重なり合うものではない。なぜ〈ヤンチャな子ら〉は、自らの将来を親たちの人生に重ね合わせようとしないのか。その背景には、親と同じような職業選択をすると、家族形成や生きていくことそのものが困難になるという、彼らの認識があった。

その典型例として中島のケースをみてみよう。中島は、父親の職業だった「整備士」になりたいと考えていた。しかし同時に、父親が「給料少ない」ことを理由に転職と離婚をし、現在、生活保護を受けている家庭の状況を知っているがゆえに、自分が「整備士」になったとしても、経済的に生活していけるのか、結婚して家族をつくることができるのかという不安を抱えていた。

知念：整備士なりたいっていうのは中学校くらいからの夢？
中島：小学校くらいちゃう？　オトンがバイクいじってるの見てて、楽しいな、って。教えてもらって。親がたぶん、バイク好きじゃなかったら整備士なりたいと思わんもん。（略）
知念：お父さんは何している人？　バイク屋？
中島：整備士。けど、なんか転職して、エレベーターの仕事してるわ、いま。
知念：それ、やっぱりしんどかったから？
中島：給料少ない、言うて。（略）（オカンとは）バイクの話もするし、「将来どないするん？」とかもしゃべるで。
知念：へー。（将来整備士になりたいって言ったら）なんて言うの？
中島：整備士なりたい言うたら、オトンと同じ道歩んでるやんって言われて。
知念：それは悪い意味で？
中島：うん。そやな。（略）給料あんまりよくないで、みたいな。
知念：それに対して（なんて答えるの）？
中島：好きなこととして無理なら転職して、って。（略）給料。（就職について）金銭問題あると思うけどな。

知念：それ（金銭問題）に対しては、（中島は）しゃーない（＝しょうがない）と思ってるってこと？（中島、うなずく。）（インタビュー、二〇一〇年七月七日）

〈ヤンチャな子ら〉の親のなかには、失業状態にあったり、転職を繰り返していたり、それが原因で離婚したり、なかには精神的に病んで自殺をしてしまった者もいる。中島の語りに端的に表れているように、彼らは親の人生を参考にすると生活が困難になることを認識していた。そのために彼らの多くは、親たちのような人生は歩みたくないと考えていた[9]。

ここまでみてきたように、確かに〈ヤンチャな子ら〉の学校での行動の背後には、家庭や親からの大きな影響を垣間見ることができ、それが学校文化との葛藤の要因になっている。しかし彼らは、自らの人生を親たちの人生に完全に重ね合わせることはしない。そのため、彼らは学校文化を完全に異化していくわけではない。そのような彼らの状況が最も端的に表れているのが、高校入学の動機である。彼らに高校入学の動機を尋ねてみると、「働きたくないし、まだ遊びたい」とか「高卒がほしいから」というものだった。先に登場した中島も、高校進学した理由について次のように語っている。

半分遊びで。ヒマやし、っていうのもあるし、もう一個（の理由）は、やっぱり卒業しとったほうがええやん。（インタビュー、二〇一〇年七月七日）

彼らは、高校に通うことに積極的な意義を見いだせない一方で、それ以外の選択肢をもっておらず、高卒資格の必要性も認めているのである。

以上の検討をふまえると、〈ヤンチャな子ら〉を、〈野郎ども〉のように学校文化を積極的に異化していく存在として考えることは適切でない。むしろ、〈ヤンチャな子ら〉は、彼らの家庭の文化と学校文化との間で葛藤を抱えながらも、学校文化を積極的に異化していくこともできない存在、いわば学校文化への異化と同化とのジレンマのなかに置かれた存在として捉えたほうがいいだろう。

4 〈ヤンチャな子ら〉と教師の相互交渉

学校文化への異化と同化とのジレンマに置かれながらも、高校は卒業しておきたいと考えている。そのために、彼らは、そうしたジレンマに対処（coping）して学校生活をやり過ごそうとする。[10]

他方、X高校の教師たちは、そのような〈ヤンチャな子ら〉に対して、フォーマルカリキュラムを伝達しなければならない。また、放っておけば留年や中退に陥る可能性が高い彼らを、できるかぎり進級させ卒業させなければならないという課題も抱えている。そうした構造的制約のなかで、X高校の教師たちは、家庭背景が厳しい彼らだからこそ、高校を卒業し、自立的な生活を営めるようにならなければならないと考え、彼らにとって自らの教育活動が意義深いものになるように、日々奮闘していた。そこから、理想の教育の実現（生徒の全員進級と卒業後の自立！）という目的に向かって、教育活動をおこなう教師の姿が浮かび上がる。それはペダゴジカル・ストラテジー（以下、教育戦略と記す）と呼びうるものだろう。(11) 本節では、〈ヤンチャな子ら〉がどのようにそうしたジレンマに対処しながら学校生活を送り、さらには教師たちがそうした〈ヤンチャな子ら〉を巻き込みながら教育活動を展開しているのかをみていきたい。

〈ヤンチャな子ら〉の対処戦略

まず、〈ヤンチャな子ら〉の対処戦略からみていこう。授業中の彼らの行動を観察していてまず気づくことは、彼らが、学校で公式に定められた時間や空間を可能なかぎりコントロールし、自らが有利になるような状況を作り出そうとしていることだ。例えば、彼らは頻繁に欠席や遅刻をし、午後から登校してくることもまれではない。また授業に出席したとしても、立ち歩いたりおしゃべりをしたり、教師の質問に対して意図的に的外れな発言をして授業を本筋から逸らしてしまったりすることもしばしばである。X高校には、そうした生徒たちの行動を規制するため、様々な統制システムがある。例えば、教室を十五分以上抜け出した生徒を欠席扱いとする「エスケープ」制度は、生徒が授業を長時間抜け出すことを防ぐためのものだが、彼らはその制度の合間をぬって時間と空間のコントロールを試みる。

三限目はスポーツ・健康エリアの生物。授業が始まって五分ほどたったころ、カズヤが教室に入ってきた。カズヤは席に座って二分ほどたつと、「トイレ」と言って席を立った。山本先生が「あんた、さっき来たばっかでしょ」と言って止めようとするが、それを無視して教室から出ていった。それから十分ほどして、カズヤは教室に戻ってきた。トイレに行くと言っていたが、パックのジュースを飲んでいる。すると、山本先生は次のように言った。

山本：ちょっと、あんたトイレ行ってたんちゃうんか？　五分遅刻して十分（計十五分）教室にいなかったから、エスケープにするぞ。
カズヤ：ちょ、おかしいやろ。トイレ行ってたんやって。
山本：そのジュースはなんやねん。エスケープにすんぞ。

以上のやりとりに、シュウが加勢する。

シュウ：鞄のなかにジュースがあったらどうするん？　最初からもってたんやったとしたら、どうするん？　なぁ？（フィールドノーツ、二〇一〇年六月十一日）

この場面で、カズヤは、「トイレ」という正当と思われる理由によって教室を抜け出し、さらに「エスケープ」にならないように十五分以内で教室に戻ってきている。カズヤがジュースを飲みながら教室に戻ってきたことから、山本先生はカズヤに「トイレ行ってたんちゃうんか？」（＝「トイレに行くと言いながら、本当はジュースを買いにいったのではないか？」）と疑いをかけているものの、シュウがカズヤに加勢して言っているように、教師側がその主張を裏づけることは確かに困難である。この場面に示されているように、学校が用意した統制システムを逆手にとって教室を抜け出したり、教師の主張に対して連携して反論したりすることで、〈ヤンチャな子ら〉は可能なかぎり授業から抜け出そうとしていた。

また、〈ヤンチャな子ら〉は、教師たちをからかい、教師たちと自分たちとの間にある非対称な関係性を組み替えようとする。それがとくに表れているのが、彼らの教師に対する呼び名である。一般に日本の学校で教師は「○○先生」と呼ばれるが、彼らは教師をあだ名で呼ぶか呼び捨てにする。芸能人のケイン・コスギに似ていることを理由に「ケイン」、コアラに似ていることから「コアラ」、あるいは「○○ちゃん」とちゃん付けで呼ぶこともあった。彼らは、教師をからかったりあだ名をつけたりすることで、教師との非対称な関係を組み替えようと試みるのである。

さらに彼らは、若者文化やアルバイトで培った労働経験を学校内に持ち込むことで学校の意味世界を変換し、学校内で自分の有利なポジションを確保しようとする。それは〈ヤンチャな子ら〉の外見や服装へのこだわりに表れている。X高校では、服装違反をした者には、放課後に居残りをさせて課題を課している。それでも彼らは、パーマ、茶髪、制服の着くずしなど服装違反をして学校に登校する。つまり、彼らは、若者文化を学校に持ち込んで、学校の意味世界を自分たちにより親和的なものにしようとするのである。また、彼らは、アルバイトで培った労働経験と比較することで、学校を批判する。例えばダイは、バイトの面接に落ちた後輩に対して「仕事と学校は全然ちゃう。仕事はしっかりせーへんと（うまく）いかへん」と語った。彼らは、学校外の多様な場から価値観を持ち込むことで、学校の論理を相対化し、学校を自分たちに有利な意味世界に変換することを試みていく。

このように〈ヤンチャな子ら〉は、自分たちの有利になるように「時間と空間をコントロール」し、「非対称な教師－生徒関係を組み替え」「学校の意味世界を変換」し、家庭と学校の間にある齟齬に対処していた。

教師たちの教育戦略

もっとも、教師たちは〈ヤンチャな子ら〉の対処戦略をただ受け入れているというわけではない。教師たちは、彼らの対処戦略を無化したり流用したりすることによって、彼らを巻き込みながら教育活動を遂行していく。

まず、〈ヤンチャな子ら〉が時空間をコントロールしようとするのに対して、教師たちは授業の主導権を引き戻すために、それを再コントロールする。先に示した事例と同じ山本先生の生物の授業から、それが表れている一場面を紹介しよう。

始業の鐘が鳴り、山本先生が出席を取り始める。約一分後、ダイがフライドポテトを食べながら教室に入ってきた。山本先生はすかさず「食べながら授業受けない。もうそこ（空席を指差す）、置いて」と注意した。ダイは、それに「はーい」と応じる。その直後、シュウがソバを持って教室に入ってきた。山本先生は二人続いて食べ物をもって教室に入ってきたので、「シュウ…（食べ物）

もって教室入らないで」と苦笑した。するとシュウは、教室に入る前に麺を一気に吸い、汁を飲み干した。「ずずっ」という音に、山本先生は「吸ってるし」とツッコミを入れながら、授業（「食物としての生物」）に関わる質問をする。

山本：じゃあ、もう、食べてるついでに。なんで食べてるん？
シュウ：うまいから。
山本：うまいからだけ？
シュウ：おなかすいたから。
山本：おなかすいているのはなんで？
ダイ：食べないと死ぬから。
シュウ：食欲。

　シュウはそのやりとりをしながら席に着く。そして、そのやりとりをきっかけに山本先生は授業に入っていった。（フィールドノーツ、二〇一〇年四月十六日）

　この事例で山本先生は、ダイやシュウの行為を注意しながら、それを授業の文脈に引き付けて、授業の主導権を維持している。このように、〈ヤンチャな子ら〉の対処戦略に屈することなく、教師たちは時間と空間を再コントロールし、授業を成立させていくのである。

　教師－生徒関係の非対称性は、教師が教育活動を円滑におこなううえで確保される必要があるものだと一般的に考えられている。しかし、X高校の教師たちは、生徒たちのからかいを逆手に取ることで、授業中に彼らから発言を引き出したり、彼らの近況を聞き出したりして教育活動に生かそうとしていた。ある教師は「あいつら（〈ヤンチャな子ら〉）、関係がないと何も話してくれないですからね」と語ったが、その語りには、教師たちが教育活動をおこなううえで、彼らとの関係をいかに大切だと考えているかが表れている。

ニックネームの付与に関しても、教師たちは、それを資源化することで教育活動を遂行する。例えば、「コアラ」と呼ばれている安東先生は、教室に張り紙をする際、コアラの絵や写真が挿入された張り紙を掲示していた。教師たちは、教師―生徒というフォーマルな関係に限定せずに付き合うことで、〈ヤンチャな子ら〉との関係を資源化し、教育活動に生かそうとするのである。

また、教師たちは、授業に彼らの実生活に近い若者文化や労働に関わる話題を取り込むことで、〈ヤンチャな子ら〉をうまく利用する。それは通常の授業でもみられたが、とくにそれが顕著だったのは総合的な学習の時間に実施される「貧困を越える学習」である。序章でも述べたように、X高校では、その時間に労働法規や貧困、差別の現状を学ぶことになっている。その授業のなかで、教師たちは〈ヤンチャな子ら〉の労働経験を生かすようにしていた。以下は、「貧困を越える学習」で、担任の小川先生の「アルバイト中に何か差別的な発言をされた経験はないか」という質問に対して、ダイが語ったものである。

おれの友達な、バイトのとき客に、生まれたところZ（区）で、X高校って言ったら、「めっちゃバカやん」って言われて笑われたんやって。そいつ、怒って（バイト）辞めたらしいけどな。おれんとこ（のバイト）は、そんなことないで。X高校大歓迎やからな。X高校卒業したおっちゃんとか多いしな。「おれのころは……」とか言っていきなり語りだすねん（笑）。（フィールドノーツ、二〇〇九年十二月四日）

別の教室でも同じように、コウジやヒロキの労働経験を生かしながら、「貧困を越える学習」が展開されていた。[12] 次の事例も、その一場面である。このとき、大半の生徒が寝てしまっていたという状況でもあったのだが、〈ヤンチャな子ら〉の労働経験が生きる内容だったこともあって、近藤先生は、コウジとヒロキに対する質問を中心に授業を進行していた。そしてコウジやヒロキは、自らの体験をふまえ、近藤先生の質問に対して活発に答えていた。

五限目の「貧困を越える学習」の時間。コウジとヒロキがいる一年五組の授業を見せてもらうことにした。授業者は近藤先生で、授業内容は不当解雇に関する授業である。「このへん、全滅やわ〜」という近藤先生の嘆きに表れているように、寝ている生徒が大半を占める。五時間目、昼休み後の授業は大抵の場合、こうなっている。

しかし、コウジとヒロキはそんななかで、起きて近藤先生の説明に反応したり、おしゃべりしたりしている。登校してきたばかりだから元気なのだろう（ヒロキもコウジもこの日は五時間目からの登校）。近藤先生は、バイトの具体例の話がプリントに出てきたりすると、「コウジ、ヒロキ、給料明細もらってる? どんなときにもらう? 確認している?」などと積極的にコウジやヒロキに話をふっている。そして、コウジもヒロキも、自分の経験をもとに積極的に答えている。

また、プリントに会話文が出てきたりすると、近藤先生は、コウジとヒロキに読むように指示する。それに対して、コウジもヒロキも役になりきった読み方で、プリントを読んでいく。途中で、話をふられたコウジが気恥ずかしそうに「また?」と言うと、近藤先生は「あんたらしかおれへんもん」と返答した。(フィールドノーツ、二〇一〇年十月一日)

このようにして教師たちは、〈ヤンチャな子ら〉の日々の行動に困難を覚えながらも、「時間と空間を再コントロール」し、彼らが「組み替えた教師 - 生徒関係を資源化」し、彼らの「意味世界を取り込む」ことで、彼らを巻き込みながら教育活動を遂行していくのである。

5 教師への肯定的評価と学校からの離脱

以上をふまえれば、〈ヤンチャな子ら〉と教師との関係は、一見、対立的なものにみえる。だが、意外なことに〈ヤンチャな子ら〉は、教師に対して極めて好意的な思いを抱いていた。私が「この先生いいなと思う人はいる?」と尋ねると、彼らは一様に「いろいろ、全員」「嫌いな先生、べつにおらん」と答えた。彼らのなかには、自分が二年生に進級できたことを「先生のおかげ」だと率直に語る者もいた。

生物の授業中。スグルは、山本先生がテストの解答を解説している間も騒いでいる。テストの点数が悪かったにもかかわらず、そのように騒いでいるスグルに対して、山本先生が次のように言った。

山本：あんた知らんで。（今年は）上がれてるけど、来年またしんどくなるで。三月しんどかったん、おぼえてないん？
スグル：おれ、上がれたの、サチコ（近藤先生）のおかげやな。サチコのおかげ。
山本：いや、それはちゃうって。
シュウ：いや、サチコのおかげやで。それはあんで。
山本：それはちゃうって。
女子生徒A：いや、やっぱ、先生の力は若干あるって。
山本：それはあるけどな、先生の出したことに対して、ちゃんと答えたからいまここにおんねん。最後はちゃんとやったからやで。（フィールドノーツ、二〇一〇年七月九日）

また、ヒロキとコウジに将来展望を聞いた際には、「教師になりたい」という答えが返ってきたことがあった。

知念：ヒロキは（将来）何になりたいとかある？

ヒロキ：教師……とか。

コウジ：それ、わかる！　先生なりたいやんな。こんな学校（X高校）とかのな。

知念：なんで？

コウジ：だって、先生ってほんま、すごいと思う。（生徒に）「しばいたろか」とか、あんなん言われたらおれとかキレるもん、たぶん。だって、ここ（X高校）の先生とか普通の先生よりもめっちゃ働いてるやろ。ほんまはもっと楽できんのに。（フィールドノーツ、二〇一〇年九月二十四日）

これらの語りに象徴されるように、〈ヤンチャな子ら〉は、教師を敵対する存在としてではなく、むしろ肯定的に評価していた。確かに、〈ヤンチャな子ら〉が家庭の文化とフォーマルな学校文化の間に葛藤を抱えながらも、学校に通うことができているのは、前節でみたような教育実践をおこなっている教師たちの存在が大きい。X高校の校長の言葉を借りれば、彼らは学校と「首の皮一枚でつながった状態」なのである。〈ヤンチャな子ら〉は、そうした事情を自分でも認識しながら、教師たちのことを肯定的に評価していたのである。

しかし、このような教師たちの取り組みにもかかわらず、彼らの多くは、生活環境の悪化、少年院や鑑別所への送致など、教師たちの裁量で対処することが難しい出来事が直接的な契機になって、結果的に学校を中退していく(13)。

それでも、彼らの教師に対する評価は変わらない。例えば本章の冒頭で示した場面に登場するトオルは、バイクを盗んだことで少年鑑別所に入り、それがきっかけでX高校を中退した。その当時のことについて、トオルは私に次のように語った。

トオル：あの、ケインおったやろ。
知念：うんうんうん。
トオル：おれ、あいつにはちょっと、恩があったからさ。「ごめんなー」言うて。もうずっと最後まで目かけとってくれたから。
知念：担任だったたっけ？
トオル：おれの担任やん。ずっと担任やって、な？
カズヤ：（うなずく）
トオル：「ごめんなー」言うて。もう、ずーっと「トオル、トオル、お前はー」言うてくれとったのに、おれが辞めたから。辞めざるをえない状況やったけど。
知念：なんでだったっけ？
トオル：おれ、もう出席日数足りひんかったし、最後捕まったし。
知念：捕まったのはなんで？

トオル：窃盗。
知念：バイクだっけ？
トオル：うん。
知念：バイクの窃盗で。
トオル：捕まって、ほんで、まあ面会来てくれて、ケインが。で、捕まる前に「頑張っとけよ、お前」って言うとってんけど、捕まって出席日数足りひんようなってん。ほんならもう（入学して）二年やん、二年（＝一年生で二回）ダブったやん。
知念：一年生のときだよな、だから。
トオル：そう。そう。一年のときに、一年（目）のときは調子乗って遊んで一年ダブったやんか。ほんで、次の年で、「最後でお前あかんぞ」って言われとって、もうやばいなっていうときに、パクられた。ほんなら、もう完全に出席日数足らんやん。ほんで、「お前どうすんねん？」言うて。「もう、ええわ」言うて。「もう辞めるしかないし」って言うて。
知念：はいはい。
トオル：ま、でも面会来てもろうとったから、「ありがとう、ケイン」言うて。
知念：鑑別所か、なんか？
トオル：鑑別所。
知念：あ、鑑別所ね。
トオル：めっちゃおもろかったけどな（笑）。ジュース買ってきてくれて、差し入れで。

知念：うんうんうん。
トオル：ジュース買ってきてくれて、差し入れで。言うたっけ？　おれ。
カズヤ：聞いてないっす。
トオル：めっちゃおもろい（笑）。差し入れで、ジュースとか入るやん、ああいうとこ。
知念：うんうん。
トオル：めっちゃかっこいいところをアピールしたかったんやろうな。隠してきとったんや、ケインは、そのジュースを。隠してきとって、「はい、もう面会終わりです」って言うたときに、部屋に持って帰れるもんやと思ったんやろうな。「トオル、持って帰れ」言うた瞬間、（鑑別所のスタッフに）「持って帰れません」、言われたからな。（トオル、カズヤ、知念が笑う）
トオル：がんがん飲んだから、おれ。
知念：そこでね。部屋には持って帰れないからね。
トオル：そう、そこで。部屋には持って帰れへん。ホンマはしゃべりながら飲んどかなあかんかってんけど。（インタビュー、二〇一四年六月二十九日）

トオルは、この中井先生が鑑別所に訪問してきてくれたときの話を、笑いのネタにしながら、私と会うたびに話してくれた。このように、〈ヤンチャな子ら〉は、日々の生活のなかで教師たちと対立する場面がありながらも、基本的には教師たちを非常に肯定的に評価していた。こうしたトオルの語りをふまえれば、本章の冒頭に示した場面をみて、〈ヤンチャな子ら〉と教師たちとの関係が対立的であると解釈することは表面的にすぎるだろう。むしろ教師たちとの日々のやりとりを通じて、〈ヤンチャな子ら〉の多くは教師たちに信頼を寄せていた。

ただし、〈ヤンチャな子ら〉が学校から遠ざかるなかで、そうした教師たちへの肯定的な思いが、逆に学校に通うことを躊躇させてしまうケースがあったことにもふれておく必要があるだろう。それが端的に表れたケースが、「先生ってほんま、すごいと思う」と語っていたコウジだった。彼は、二度目の一年生二学期から徐々に学校に通うことができなくなってしまった。彼は生活保護を受けて母親と二人暮らしをしていたが、この時期に母親の精神病が悪化し、家で母親から罵声を浴びせられる日々が続いた。その結果、彼は家に帰ることができず、友達の家を転々とするなかで、学校に通えなくなってしまったのである。

私は、学校に通わなくなって半年がたった一方で、制度的にはまだ学校に籍が残っている状態のコウジに直接会って、話を聞いた。当時、コウジにはまだ学校に通いたい気持ちが残っているようだったので、私は、また学校に通うように説得してみた。以下のコウジの語りは、そのような会話のなかで出てきたものである。

知念：世話になった感じはあるんだ。阿部先生とかには。
コウジ：アベちゃんがいちばんやな。アベちゃん仲いいし、いつでも。
知念：あの子は、絶対辞めさせないって、ずっと言ってたよ。おれにも。
コウジ：やろうな。（電話）連絡めっちゃきとったけど、無視しとったもん。

知念：それ、とったら……。
コウジ：とったら絶対言われるもん。だからもう、あともうちょっとしたら謝りにいこう思うもん。
知念：いまは？
コウジ：いまは無理、まだ。
知念：なんで？
コウジ：まだ無理。まだ立派なってへんやん。
知念：あ〜、あわせる顔がない感じ？
コウジ：うーん、だってあんだけ世話してもらったのに、逃げたやん。自分が。
知念：逃げた？
コウジ：逃げたやん、おれが。
知念：高校から？
コウジ：まだいこうと思ったらいけんねんど、なんかな。いきにくいよな。その一歩が踏み出されへんよね。（インタビュー、二〇一一年十二月十六日）

この語りに表れているのは、教師が親身になってはたらきかけてくれたにもかかわらず、それに応えられなかったコウジの反省である。このようなコウジのケースから示唆されるのは、学校に通っている間は「首の皮一枚でつながった状態」を維持させていた教師たちへの肯定的な評価が、学校からひとたび離れてしまうと、学校に通う際の障壁になってしまうという逆説である。もちろん、このケースから教師たちのはたらきかけを責めるのは適切ではない。少なくとも、彼が一年以上、高校に通い続けることができていたのは、教師たちのはたらきかけなしにはありえなかったからである。このケースはむしろ、学校から離脱しやすい生徒たちを学校につなぎ止める際の教師の限界を示していると考えたほうがいいだろう(14)。

6 〈ヤンチャな子ら〉と「現場の教授学」

本章では、〈ヤンチャな子ら〉が、学校文化や教師たちとどのような関係にあるのかを記述してきた。これまでの記述は、次のようにまとめることができる。

まず、〈ヤンチャな子ら〉は家庭の文化に依拠して学校文化を異化しながらも、親たちの人生に自らの人生を重ね合わせることをせずに、高卒資格の意義を認めていた(第2節)。そのため、彼らは〈野郎ども〉のように、完全には学校文化を異化していなかった(第3節)。そして彼らは、学校生活をやり過ごすために「時間と空間のコントロール」をし、教師と自らの「非対称な関係性の組み替え」を試み、「学校の意味世界の変換」をおこないながら、学校生活を過ごしていた。とはいえ、そうした〈ヤンチャな子ら〉の態度や振る舞いを教師たちはただただ受け入れているわけではなく、「時間と空間の再コントロール」をおこない、「組み替えられた関係性の資源化」をし、さらに「生徒の意味世界の取り込み」を試みることで、〈ヤンチャな子ら〉を教育活動に巻き込んでいた（第4節）。こうした日々のやりとりがあるからこそ、〈ヤンチャな子ら〉は教師たちを肯定的に評価していて、その評価は、登校継続に積極的な影響を与えていた。しかし、学校からひとたび離れたケースでは、その教師への肯定的な評価が登校継続に逆効果になっていることも確認できた（第5節）。

これらの知見を志水の学校文化の三層をふまえて整理すれば、〈ヤンチャな子ら〉の家庭の文化とフォーマルな学校文化は葛藤状態にありながらも、X高校に特有の学校文化、言い換えれば「現場の教授学」によってその葛藤は抑制されていたということができるだろう。そして、そうした「現場の教授学」があるからこそ、葛藤を抱えながらも〈ヤンチャな子ら〉は学校にとどまることができていたのである。

とはいえ、たとえウィリスが描いた〈野郎ども〉のように学校から積極的に撤退していくわけではないとしても、〈ヤンチャな子ら〉の半数（十四人中七人）は、生活環境の悪化、少年院や鑑別所への送致など、教師たちの裁量で対処することが難しい出来事が重なった結果として、出席日数が足りなくなり、X高校を中退していくことになった。彼らのなかには、教師たちにお世話になったという肯定的な思いがあるからこそ、登校しないという選択をした者もいた。教師たちの日々の実践によって、彼らの家庭の文化とフォーマルな学校文化との葛藤はかなりの程度抑制されていたが、それにもかかわらず、半数の者は卒業ではない形でX高校を去っていったのである。

本章では、〈ヤンチャな子ら〉と教師の関係を分析してきた。〈ヤンチャな子ら〉の半数が中退していくとはいえ、彼らは一定期間を高校で過ごすことになるのだが、そのために、学校の内部にも彼ら独自の価値観や評価軸によって織り成される磁場ができあがる。次章では、その磁場の様相を分析し、〈ヤンチャな子ら〉のメンバーシップや集団内の階層性がどのようになっているのかを明らかにしよう。

注

(1) Willis, *op.cit.*(前掲『ハマータウンの野郎ども』一四六ページ)

(2) 例えば次のような研究を挙げることができる。志水宏吉『学校文化の比較社会学――日本とイギリスの中等教育』東京大学出版会、二〇〇二年、前掲『排除する社会・排除に抗する学校』

(3) 〈ヤンチャな子ら〉の個々の家庭の文化の根底には、地域文化や階級文化があると推察される。彼らの家庭の文化には、サーフィンやバイクなど共通する部分が多いからだ。だが、小・中学校に比べて高校の校区が広域であることもあって、それを特定することは難しく、また、慎重になされるべき作業である。そのため、本章の段階では「家庭の文化」としておく。彼らの家庭をより広い文脈に位置づける作業は、本書全体を通じておこなっていく。

(4) 古賀正義『〈教えること〉のエスノグラフィー――「教育困難校」の構築過程』(「認識と文化」第十二巻)、金子書房、二〇〇一年

(5) 伊佐夏実「公立中学校における「現場の教授学」――学校区の階層的背景に着目して」、日本教育社会学会編集委員会編「教育社会学研究」第八十六集、東洋館出版社、二〇一〇年

（6）こうした「現場の教授学」という用語で論じられてきた事柄は、イギリスの学校の「組織的ハビトゥス」（institutional habitus）論と重なっている。ブルデューは、諸個人のハビトゥスを「持続的で、変形しうる性向のシステム」として論じた（Pierre Bourdieu, *Esquisse d'une théorie de la pratique: précédé de Trois études d'ethnologie kabyle*, Librairie Droz, 1972, Pierre Bourdieu, *Outline of a Theory of Practice*, Richard Nice trans., Cambridge University Press, 1977.）。組織的ハビトゥスとは、それを応用して個別の学校組織のハビトゥスを理解しようとするものである。例えば、この組織的ハビトゥスという概念を用いた研究に、同じ地域にある二つの対照的な学校の組織的ハビトゥスの違いと、それに由来する生徒たちの学校経験の違いを明らかにしたニコラ・イングラムの研究がある（Nicola Ingram, "Working-class boys, educational success and the misrecognition of working-class culture," *British Journal of Sociology of Education*, 30〔4〕, 2009.）。イングラムが調査をおこなった地域にはグラマースクールとセカンダリースクールがあり、同じ小学校を卒業した子どもたちが、そのどちらかの中学校に通うことになる。しかし同じ地域にあるにもかかわらず、両者の組織的ハビトゥスはかなり異なっていたという。すなわち、前者は「卓越した学力という長い伝統」をもち、成績がいい子どもたちが通い、校則が徹底されているのに対して、後者の学校は、成績が芳しくなく自尊心や期待が低い子どもたちが通っていて、教師たちも多少の規則違反には目をつむる。そして、そうした組織的ハビトゥスの違いによって、生徒たちの学校経験が異なってくる。「グラマースクールのハビトゥスは、ミドルクラスの価値に根付くアカデミックな性向を伝える一方、セカンダリースクールは、伝統的なワーキングクラスの教育的価値に根付く非アカデミックな成功と調和するハビトゥスを伝える」（ibid., p.432.）。だからこそ、「グラマースクールにおけるハビトゥス間の葛藤は、セカンダリースクールにおけるそれよりも顕著である」（ibid., p.429.）。このような「組織的ハビトゥス」という概念を用いたイギリスの学校研究は、個別の学校の置かれた歴史的・社会的・文化的な状況に着目するという点で、日本の「現場の教授学」研究と類似している。

(7) 前掲『学校文化の比較社会学』四―八ページ

(8) 巻末資料の空欄は「不明」を意味するが、親の学歴の欄の約半数が空欄になっているのは、彼らに親の学歴を問うても「わからない」と答えたケースが多かったからである。親の学歴を「わからない」ということ自体が、彼らと学校との関係を示していると考えることもできるだろう。

(9) このような彼らの認識の背景には、産業構造の変化があると思われる。つまり、「これらは、「ヤンキー」の就職先であると同時に、早くに学校を離れていく者たちが働き口を見つけることができた職業群」(前掲『排除する社会・排除に抗する学校』一六七ページ)の需要が縮小したことを、彼らは親たちの生活を見て実感していて、それが彼らの認識に影響していると考えられるのである。ただし、第5章で分析するように、〈ヤンチャな子ら〉のなかにも、こうした産業構造の影響を強く被る者とそうでない者がいると考えられる。

なお、イギリスでも、学校文化を異化して肉体労働に就いていくという〈野郎ども〉がたどった大人へのルートは、かなり縮小していると指摘されている(例えば Nadine Dolby, Greg Dimitriadis eds., *Learning to Labor in New Times*, Routledge, 2004, Linda McDowell, *Redundant Masculinities?: Employment Change and White Working Class Youth*, Wiley-Blackwell, 2003. など)。

(10) この節の分析は、イギリスの社会学者ピーター・ウッズによる生徒のストラテジー研究(Peter Woods ed., *Pupil Strategies: Explorations in the Sociology of the School*, Croom Helm Limited, 1980.)、そしてそれに触発された日本の研究群(例えば、稲垣恭子「クラスルームと教師」、柴野昌山/竹内洋/菊池城司編『教育社会学』〔有斐閣ブックス〕所収、有斐閣、一九九二年)、ニューカマー生徒の研究（例えば、児島明『ニューカマーの子どもと学校文化――日系ブラジル人生徒の教育エスノグラフィー』勁草書房、二〇〇六年）を参考にしている。

(11) 清水睦美「教室における教師の「振る舞い方」の諸相――教師の教育実践のエスノグラフィー」、日本教育社会学会編集委員会編「教育社会学研究」第六十三集、東洋館出版社、一九九八年

(12) このようなやりとりを軸とした授業はX高校全体でおこなわれている。このようなやりとりがどの学級でもおこなわれていると考えれば、「貧困を越える学習」を総合的な学習の時間に位置づけていることの意義は大きい。

(13) 生活環境の悪化、少年院への送致などは、表面的には別々の事柄である。だが彼らの視点に立てば、それらを一つの連なりとして経験している場合が多い。例えば生活環境の悪化から友達の家を転々とし、友達と遊ぶなかで「バイク盗み」をして少年院へ送致されるというように、である。

(14) こうしたケースの根本に、家庭の貧困やそれに対する福祉システムの欠如という問題があることは間違いない。したがって、こうしたケースは、教師たちの取り組みを補完するための多元的な支援システムの必要性を示唆している。貧困状態で生きる子ども・若者とその家族を支えるシステムをどのように構築するかという点については、本書の第4章でも論じる。

第3章

〈ヤンチャな子ら〉とは誰か——〈インキャラ〉という言葉に着目して

1 集団の曖昧さ

本書の調査対象は、〈ヤンチャな子ら〉である。しかし、一口に〈ヤンチャな子ら〉といっても、調査のなかで具体的に誰が集団のメンバーであるのか／ないのかを決定することは非常に難しい問題だった。

確かに〈ヤンチャな子ら〉は、休み時間や放課後に食堂や廊下など特定の場所に集う傾向にあり、一つの集団とみなしてもいいように思えた。実際、それは私だけの感覚ではなく、X高校の教員たちもそのようにみなしていたと思う。例えば以下は、ヒデの担任である渋田先生から「なんでヒデのことを気にかけてくれるんですか？」と問われ、私が調査の目的などを伝えて調査対象者リストを見せたときの場面である。

調査対象者リストを見て、渋田先生は「あー、いつもかたまっている連中か。なるほど、それで」と答えた。私は「そうなんです。それで、ヒデ君はこのメンバーのなかでも私の話を聞いてくれるので。まずはじめにヒデ君に声をかけたんです」と言うと、「ヒデは、このメンバーだと後ろからついていっている感じですよね」と笑いながら言った。(フィールドノーツ、二〇一〇年七月二日)

渋田先生が「いつもかたまっている連中」と表現していることから、私だけでなく、X高校の教員も、〈ヤンチャな子ら〉を一つの集団と捉えていたことがわかる。他方、「ヒデは、このメンバーだと後ろからついていっている感じですよね」という語りにあるように、〈ヤンチャな子ら〉のメンバーが一様でないことも示唆されている。

本章では、このように、一見〈ヤンチャな子ら〉という集団があるようにみえる一方で、そのメンバーが一様でない現実に光を当て、どのようにして集団の境界が維持されるのか、その集団内部の階層性はどのようになっているのか、そして、その階層性は何に規定されているのか、といった問いを明らかにしていく。

その際、とりわけ注目したいのが〈ヤンチャな子ら〉が学校生活で頻繁に使っていた〈インキャラ〉という言葉である。後述するように、〈インキャラ〉とは、現代の中学・高校生の間で広く普及し、一般に生徒関係で劣位に置かれた者を指す言葉として用いられる。この〈インキャラ〉という言葉に着目して、集団の境界の維持や変動のダイナミクスを描くことが本章の目的である。なお、本章の分析を通じて明らかになるように、こうした作業は、〈ヤンチャな子ら〉が、学校空間のなかで若者文化という次元では統合されている一方で、出身階層という外部の力学によって分断されている現実の一端を描き出すことにつながっていくことになる。

2 類型論的アプローチを超えて

類型論的アプローチの限界

第1章で述べたように、国内外を問わず蓄積されてきた生徒文化研究は、学校のなかで生徒たちがつくるインフォーマルな集団や文化を描き、生徒たちが教師のメッセージを受動的に受け取るだけでなく、能動的にそれを解釈したり、新しい価値を創造したりする存在であることに光を当ててきた。その著名な研究の一つが、すでに何度も取り上げているウィリスの『ハマータウンの野郎ども』である。ウィリスはそのなかで、労働者階級出身である〈野郎ども〉が、教師や学校の価値に反抗し、それに順応する〈耳穴っこ〉を排斥する姿を描き、階級が再生産される過程を生き生きと描き出した(1)。

一九八〇年代までの日本の生徒文化研究は量的調査に基づくものが中心だったが、九〇年代からウィリスの研究の影響もあって、とりわけジェンダーに着目したエスノグラフィックな研究が日本でもおこなわれるようになった。その嚆矢となった宮崎あゆみの研究では、女子高校でおこなった参与観察とインタビューをもとに、女子生徒が「勉強グループ」「オタッキーグループ」「ヤンキーグループ」「一般グループ」に分化し、それにともなって性役割観や理想とする女性性が分化しているだけでなく、互いに差異化し合っている様子が描き出されている。[2] 上間陽子もまた女子高校で調査をおこない、一つの教室で形成されるグループが〈トップ〉〈コギャル〉〈オタク〉という三層に色分けされ、ヒエラルキー的な秩序をなしている様子を分析した。[3]

これらの研究は、階級やジェンダー、あるいは消費文化といったそれぞれに独自の視点で生徒文化を描き出している一方で、生徒のグループを設定して、その特徴を記述するという点では共通している。こうしたアプローチは、生徒たちを類型化してその特徴を描くことから、類型論的アプローチと呼ぶことができるだろう。そして、これまでのエスノグラフィックな生徒文化研究の多くは、主に類型論的アプローチによってなされる傾向にあった。しかし、すでに述べたように、私が実際に調査をして気づいたことは、生徒集団はインフォーマルなものであるがゆえに、そのメンバーは流動的なうえに一様でなく、具体的にグループのメンバーを決定することは非常に困難であるということだった。実際、先に示した宮崎はのちに自身の研究を振り返り、「グループ内の同一性」と「グループ間の異質性」に注目している一方で、「グループ内の多様性」や「グループと個々の生徒との関係」を軽視していたと自省している。[4]

本章では、こうした類型論的アプローチの限界と調査から得られた気づきをふまえ、類型論的なアプローチはとらない。そのかわりに、欧米圏で蓄積されたポスト構造主義の影響を受けたC・J・パスコーの研究を手がかりに分析を進めていきたい。[5]

ポスト構造主義の生徒文化への適用

パスコーは、高校でのフィールドワークを通じて、「同性愛男性」を意味するはずの「ファグ（Fag）」という言葉が、文脈に応じて男らしくない行為全般を指す多様な意味を含む言葉として使用されていること、そして、それが特定の生徒に付与される固定的なラベルでなく、あらゆる男子生徒に転移する流動的なラベルであることを明らかにした。つまりファグとは、単にホモフォビアを示すだけでなく、少年たちの男性性を規制していく言葉だったのである。パスコーの言葉を借りれば、「青少年たちの間で、いかに男性性が定義され、争われ、投資されているのかを突き止めるためには、「ファグ」がいつ、どこで、どんな意味で用いられているのかを検討することが重要である」[6]というわけだ。

本章では、このパスコーの研究を、私が調査中に頻繁に耳にした〈インキャラ〉という言葉に適用して、分析を進めていきたい。パスコーの研究に立脚する意義は、次の二点にある。

第一に、パスコーの研究は、類型論的アプローチであれば生徒の一類型とされていた「ファグ」を、あらゆる男子生徒に転移するラベルとし、生徒たちがその言葉を使って実際に何をしているのかを分析していて、その点で、私が調査で得られた実感にフィットする。〈ヤンチャな子ら〉は、自らを〈ヤンチャな子ら〉と自称することは全くといっていいほどなかったが、逆に自分たち以外の生徒たちを〈インキャラ〉と呼び、攻撃・嘲笑することは多々あった。そこから、〈ヤンチャな子ら〉は自分たちを名指すというよりもむしろ、〈インキャラ〉という言葉を使って他者を排除することによって自らの集団の境界やメンバーを確定しているという仮説が成り立つ。パスコーの分析に依拠すれば、こうした仮説に基づいた分析ができるのである。

ちなみに、パスコーの分析は自身で述べるようにポスト構造主義の理論に基づいてなされているが、ポスト構造主義ないし構築主義に基づいた生徒文化に関する経験的研究は、日本でも一九九〇年代後半以降に蓄積されてきた。(7) しかし、それらの研究は、男性と女性の関係が構築される様相に焦点を当てる一方で、男性ないしは女性という一つの性内の分化を看過する傾向にあった。本章の試みは、男性という性内分化に焦点を当てるという点でも、これまでの研究とは異なっている。

第二に、先の点と関わるが、男性を「ジェンダー化された存在」として分析できるという点である。(8) これまでのヤンキーに関する研究は、ヤンキーを「階層的・文化資本的にロウアー／早熟・早婚、旧来型の性役割を所与のものとしている／地元（でまったり）志向」(9)と定義しながらも、ジェンダーの視点からの分析を十分にしてきたとは言い難い。とくに、女性の結婚観と移行の現実、(10) 過酷な性労働に携わる女性の生活(11)といった女性というジェンダーに焦点を当てた分析はそれなりに蓄積されているが、もう一方の男性というジェンダーに焦点を当てたヤンキー研究はほとんどない。もちろん、それは男性を対象にしたヤンキー研究がないという意味ではない。むしろ、男性を対象にした研究がほとんどである。しかし、それらの研究は他の研究領域でもそうであるように、「男性を暗黙のうちに人間の「標準」とみなしてしまう傾向があり、女性と比べれば男性も「特殊」な存在であるという側面や、男性も社会的・文化的に「男として」形成されているという側面を見失いがちであった[12]」。それに対して本章では、パスコーの研究を参考にしながら、〈ヤンチャな子ら〉の実践が「男らしさ」とどのように関わっているのかという点も描き出していく。別の言い方をすれば、〈ヤンチャな子ら〉が自らの集団の境界を維持したり変容させたりする実践には彼らの「男性」としてのアイデンティティが深く関わっている。それを分析するという点でも、パスコーの視座は有意義だろう。

男性性の定義

そうした分析をおこなうためには、「男性性」(masculinities) とは何かという点についても述べておかなければならない。

これまでポスト構造主義に影響を受けて児童・生徒のジェンダー実践を分析した日本の研究は、研究者の視点からジェンダーの定義をおこなうことを否定してきた。より正確にいえば、それらの研究の分析方針は、次の二点にまとめられる[13]。すなわち、①二分法的な性別カテゴリーを研究者がアプリオリに想定することの否定、②既存の研究が前提としてきた社会化―内面化図式の否定、である。つまり、ポスト構造主義の視座を導入した生徒文化研究は、研究者の視点によって諸個人をいずれかの性に位置づけることと、そのアイデンティティを一貫したものとして想定することを二重に否定したのである。しかし経験的研究をおこなう際に、この分析方針を貫徹させることは非常に困難で、結果的に分析の過程でその方針を破ってしまう[14]。逆に、それを貫徹させようとすれば、児童・生徒が性別カテゴリーを明言する場面にしかジェンダーを見いだせずに、かなり限定された場面の記述にとどまってしまう[15]。ポスト構造主義に基づいた日本の生徒文化研究では、「男子」や「女子」という言葉が登場する場面が多く描かれているが[16]、それは偶然ではなく、こうした方法に内在する問題といえるだろう。

日本のポスト構造主義に基づく研究が性内分化を描いてこなかったのも、以上の分析方針に拘束されていたからにちがいない。本章の関心に即していえば、〈インキャラ〉という言葉が発せられる場面で、「男子」や「女子」という言葉はほとんど明言されないために、その場面をジェンダーの視点から分析できなくなってしまうのである。したがって、〈インキャラ〉という言葉をジェンダーの視点から分析しようとすれば、メタ（＝研究者）的な立場からジェンダーの定義をおこなう必要があるし、実際に欧米では、ポスト構造主義を名乗りながらも、研究者の視点によって二分法的なカテゴリーを適用し、個人のアイデンティティを一貫したものとして想定して分析を進める研究も少なくない[17]。本書が参考にするパスコーは、ファグというラベルが、女子生徒やアフリカンアメリカンの男子生徒には適用されないことから、それがジェンダー化および人種化されたラベルであると指摘している[18]が、それが指摘できるのは、女子生徒が一貫して女子生徒であることを、メタ（＝研究者）の視点から（無自覚ではあるが）定義しているからなのである。

以上をふまえ、本書ではこれまでの日本のポスト構造主義に基づく「ジェンダーと教育」研究とは異なる分析方針を採りたい。その分析方針とは、男性性をメタの視点から定義しないという方針ではなく、男性性をデータに照らして適切に定義し、それが〈インキャラ〉という解釈枠組みやその適用場面にどのように組み込まれているのかを分析するという方針である。そうした方針によって、「男子」や「女子」といった発話がない場面も分析の俎上に載せることを目指す。

そこで依拠するのが、リチャード・ホーソンによる男性性の三原理である。[19] ホーソンは、ロバート・W・コンネルの「生産関係」「カセクシス」「権力関係」という三次元のジェンダー構造モデル[20]を手がかりにして、先進国の男性性の理想形態から三つの原理を抽出した。すなわち、家庭内で道具的な役割を担わせて男性を公的領域に結び付ける「大黒柱」の原理、同性愛を逸脱的な実践とみなすことで正当化される「異性愛」の原理、そして、それらに正当性や規範性を与える権威や暴力といった「攻撃性」の原理である。これらの次元を分析的に区別したコンネルとホーソンの議論に依拠することによって、複数の原理がどのように葛藤したり錯綜したり共犯したりするのか、そして、どのような文脈のなかで誰がどの原理に基づいた実践をおこなおうとするのか、といった男性性をめぐる諸実践のダイナミクスを描くことが可能になる。以下では、〈インキャラ〉という解釈枠組みやその適用場面に着目し、そこに「攻撃性」「大黒柱」「異性愛」といった原理がどのように組み込まれているのかを分析する。

3 〈インキャラ〉という解釈枠組み

〈インキャラ〉は現代の中学・高校生の間で広く普及している言葉であり、インターネット上の

「日本語俗語辞書」には、次のような解説がある。

インキャラとは「陰気」と「キャラクター」から成る合成語で、陰気な人や根暗な（暗い）人という意味である。陰キャラという表記も使われる。ただし、実際の性格が暗いか否かに関係なく、クラスやグループの人（特にいじめっ子・いじめグループ）から嫌われることでインキャラと呼ばれることも多く、そういう意味では『いじめられっ子』『嫌われキャラ』に近い。[21]

X高校でも、〈インキャラ〉という言葉にはネガティブな意味が込められていた。私は、〈ヤンチャな子ら〉と〈インキャラ〉の具体的なイメージを図示したいと考え、「絵がうまい」と評判だったケンタに「〈ヤンチャな子ら〉と〈インキャラ〉の絵を描いて」とお願いをした。そうして描いてもらったのが図8である。向かって左側が〈ヤンチャな子ら〉であり、右側が〈インキャラ〉である。[22]

絵を見て一目で気づくことは、〈ヤンチャな子ら〉の図にだけ女子が描かれている点である。これは私が依頼したのではなく、ケンタが自発的に描いてきたものである。男子三人のうちの誰かの恋人として想定されているのだろう。他方、〈インキャラ〉の図には、男子だけでゲームをする姿が描かれている。ただし、次節で述べるように、〈ヤンチャな子ら〉という言葉は男子だけに適用されるのに対して、〈インキャラ〉はどちらの性にも適用される言葉であることには注意が必要である。

図8　〈ヤンチャな子ら〉と〈インキャラ〉のイメージ図

次に目を向けたいのは、両者の外見の違いである。〈インキャラ〉はブレザー、シャツ、ネクタイを着用して黒髪であり、校則に従った服装をしている。他方、〈ヤンチャな子ら〉は、全員シャツとネクタイを着用せず、（図版は白黒でわかりにくいが、原画では右から黒、緑、赤の色の）Tシャツを着ている。そして、真ん中の生徒はブレザーのかわりにパーカーを着用している。また、ネックレスや腕時計のようなアクセサリーを身につけていて、茶髪だったり、「ライン」と呼ばれる剃り込みを入れていたりして、髪形にも気を配っていることがうかがえる。さらに三人とも大股を開いていて、それが〈インキャラ〉との差異を際立たせている。後ろの女子も茶髪で、スカートの丈を短くするアレンジを加え、耳にピアスをしている。宮崎は、女子生徒の「制服の着方を中心とした外見」がグループによって異なっていると指摘したが、(23)それが男子生徒にも当てはまることをこの図は示しているのである。大股を開いていたり、スカートの丈が短かったりするように、〈ヤンチャな子ら〉の図の男女はそれぞれの性を誇張した姿になっているともいえるだろう。このようにイメージ図に描かれる人物の姿や服装、カテゴリーの適用範囲をふまえると、〈インキャラ〉という言葉をジェンダーの視点から分析する重要性が浮かび上がってくる。

図8は、確かに私がX高校で観察したことと符合する。〈ヤンチャな子ら〉は食堂などの教師の目が届きにくい場所でたむろし、ときにメンバーの恋人もともにいた。一方、〈インキャラ〉の図に描かれているように、休み時間や放課後に教室で携帯ゲーム機やカードゲームをして過ごす生徒たちもいた。服装についても、〈ヤンチャな子ら〉は他の生徒に比べて、校則違反をしていることが多かった。

とはいえ、この図はあくまでステレオタイプ化されたイメージであり、X高校の男子生徒たちをこれら二つの類型に明確に分類することはできない。例えば図8を描いてくれたケンタのように、その中間層がいたりするし、〈ヤンチャな子ら〉という集団の境界もそれほど明確に引くことができるわけではない。しかし、ここで強調したいのは、にもかかわらず、〈ヤンチャな子ら〉は日常的に〈インキャラ〉という言葉を使用してX高校の生徒集団のあり方を解釈していたという点である。その意味で、図8は、X高校の生徒集団の実態を描いたものというよりも、それを編成している解釈枠組みを具体化したものだと考えたほうがいいだろう。

これが生徒たちの解釈枠組みであって実際の生徒個人とは必ずしも対応しないことは、「〈インキャラ〉とは何か?」や「例えば、誰?」といった私の問いかけに対して、〈ヤンチャな子ら〉が明確に答えられない事実に表れている。

知念：インキャラってさ、何？　結局。インキャラってよく言う？
坂田：言うけど、言うたらおとなしい子、みたいな。（略）
知念：インキャラって例えば誰がいる？
坂田：とくに誰ってわからんな。言うたらおとなしそうな子、みたいな。見た目。（インタビュー、二〇一〇年七月十四日）

このように、〈インキャラ〉とは、具体的な人物に対応する類型というよりも、むしろ人々の言動や実践を解釈していく枠組みである。そしてそれは、図８に描かれた姿、服装、あるいは女子の存在に表れているように、決してジェンダーと無関係ではない。彼らがこうした枠組みを使って生徒たちを解釈することにより、〈ヤンチャな子ら〉という集団と他の生徒たちを隔てる境界が構築されていくのである。

4　文脈のなかの〈インキャラ〉

それでは、そうした解釈枠組みは、どのように運用されているのだろうか。実際に彼らが〈インキャラ〉という言葉を使用している場面をみていくと、それは他者に対してだけでなく、冗談の文脈などで自らにも適用される言葉だった。そこで本節では、自らに適用する場合と他者に適用する場合に分けて分析していく。

自らに適用する〈インキャラ〉

〈ヤンチャな子ら〉が他の生徒や教師からそう呼ばれているのは、彼らが〈ヤンチャ〉な行動をとるからである。〈ヤンチャ〉とは、主に暴力的な逸脱行為や非行を意味していて、例えば、コンビニの店員に「悪口を言われた」と勘違いし、友人と一緒に商品などを「木刀でボコボコ」にしたユウタの事例が象徴的である。しかし、こうした象徴的な経験を全員が有しているわけではないし、彼らは日常的に〈ヤンチャ〉な行動を起こすわけでもない。それでは、日常のなかではどのようにして〈ヤンチャ〉であることを示すのか。その際に〈インキャラ〉という言葉が用いられる。例えば以下のやりとりには、それが表れている。

知念：コウジ（非行経験）なんかある？
コウジ：なんもない。おれは〈インキャラ〉やったから。
中村：ド〈インキャラ〉やで。（略）
コウジ：ほんまやで。なんもしてへんとか、友達のなかで万引きとかはあったけど、あれとってきてこれとってきてみたいなのはあったけど。べつにおれら何もやろうと思ってないからな、べつに。バイク盗んだことくらいちゃう。（インタビュー、二〇一〇年九月二十六日）

この会話でコウジは、「なんもない」と言って自らを〈インキャラ〉と位置づけた後で、「バイクを盗んだ」などの非行経験を語りだした。ここでコウジが自らを〈インキャラ〉としたのは、非行経験が肯定的に評価される文脈のなかで謙遜するためだろう。つまり、前記の会話でコウジは、自らを〈インキャラ〉とする前置きによって、謙遜しながら〈ヤンチャ〉であることを提示しているのである。この事例からわかるように、〈インキャラ〉とは、必ずしも他者を呼称する言葉ではない。むしろ、〈ヤンチャ〉であることを巧みに表明するための言葉として使用されていた。

さらに、〈インキャラ〉という言葉は、仲間内で冗談を交わし合う文脈で用いられることも多々あった。次の事例がその典型である。

ツカサ、ダイ、ヒトシの三人と一緒に廊下を歩いていると、突然、ツカサが走りだした。わざとらしく、あまり手をふらずに内股ぎみの走り方をしている。それを見たヒトシとダイは、「あいつ、走り方〈インキャラ〉やな」と言って笑いながら、ツカサの走り方をより誇張してまねて走りだした。(フィールドノーツ、二〇一〇年七月十六日)

この場面で、ヒトシとダイは、ツカサの「内股ぎみの走り方」を〈インキャラ〉と呼んで笑い、その走り方を誇張してまねた。この場面で冗談が成立しているのは、逆説的だが、ツカサが〈インキャラ〉ではないと認識されているからである。〈インキャラ〉という言葉は、こうした冗談の文脈で頻繁に使用されていた。

ここで、「内股ぎみの走り方」を〈インキャラ〉と呼んでいることに注意したい。〈インキャラ〉という言葉には通常、「陰気」や「おとなしそうな子」といった意味が込められている。しかし前記の場面では、それらの意味とは異なり、「内股ぎみの走り方」を〈インキャラ〉と指し示している。一般に「内股ぎみの走り方」は、「女性性」や「同性愛者」を象徴するものである。男子を貶める言葉には女性性や同性愛が象徴的にほのめかされていることが多い[24]が、〈インキャラ〉もその例外ではないのである。

以上のように、実際に使用される文脈とその意味に注目すると、〈インキャラ〉は、必ずしも特定の人物に貼られる「陰気なキャラクター」という固定的なラベルではない。〈インキャラ〉は、〈ヤンチャな子ら〉にも適用される解釈枠組みであり、その場合、謙遜しながら〈ヤンチャ〉であることを表明して自分を集団に位置づけたり、仲間内で冗談を交わしたりするための言葉だった。

他者に適用する〈インキャラ〉

次に他者に適用する場合について検討していこう。ここでも逆説的ではあるが、その生徒が〈インキャラ〉として自明視されている場合、かえって〈インキャラ〉という言葉は明言されないことが多かった[25]。また、英語のファグが男子だけに適用されるのとは異なり[26]、〈インキャラ〉は男女ともに適用されていた。しかし興味深いことに、〈インキャラ〉と名指される生徒たちへの〈ヤンチャな子ら〉の対応は、男子と女子の場合で大きく異なるものだった。

まず、男子からみてみよう。男子の場合には、〈インキャラ〉とされる生徒に対して激しい攻撃がなされる。例えば、次のような場面である。

生物の授業。山本先生がPSP（ソニー製の携帯ゲーム機）をしている男子生徒二人に対して「気づいていますよ」と注意する。するとダイが、その生徒らに対して、「きもちわるいな、ホンマ、お前ら」と怒鳴りつけた。二人の生徒は無反応である。（フィールドノーツ、二〇一〇年九月二十四日）

前記の場面で、ダイは教師の注意に便乗し、図8に示されたようにPSPをしている男子二人に対して「気持ち悪いな」という強い攻撃の言葉を向けた。そしてその後、授業中であるにもかかわらず、このダイの発言はなかったかのように授業は進行していった。また、ここで山本先生が注意したのが〈ヤンチャな子ら〉のメンバーだったら、ここでのダイの発言は全く異なったものになっていたであろうことも容易に想像できる。[27]つまり、ここでダイは〈インキャラ〉という言葉を発していないが、PSPをしている二人の男子が〈インキャラ〉だと教室内の人々に即座に理解されていたからこそ、前記のようなやりとりが成立していたと考えることができる。

次に女子の場合をみてみよう。女子の場合には、激しい攻撃的な言葉を直接向けられることはなかったが、そのかわりに、無視や嘲笑の対象となっていた。以下の事例は、〈ヤンチャな子ら〉との交流がほとんどなく、彼らから〈インキャラ〉とみなされている広末が、ダイに話しかける場面である。

次は、教室を移動する総合学習の時間。あと二分ほどで授業が始まるところだが、教室にはおとなしそうな子が目立つ。それを見てダイは「やばいやん、きもいやつが多いんやけど」とカズヤにグチっている。始業の鐘が鳴る。ダイは広末という女子生徒の後ろの席、私はその右隣に座った。ダイが「知ってるやつおらんって」と私にグチると、広末が「知ってますよ」と言う。それに対して、ダイは「あぁ」とそっけない返しをした。約五分後、ダイが広末の前席に座る川島に「川島、このメンバーおもろくないから盛り上げて」と声をかけた。川島が「盛り上げましょうか?」と答えると、広末が「頑張って」と笑って声をかけた。すると、ダイと川島は目を合わせてにやにやし、川島が「あぁ、がんばるわ」と返した。(フィールドノーツ、二〇一〇年十月十五日)

この場面でダイは、先の事例のようにあからさまに攻撃的な態度を示すのではなく、広末の反応を無視・軽視した後、川島と一緒に嘲笑している。この事例のように、対象が女子の場合には、攻撃ではなく、無視や嘲笑といった形式をとった。前記の場面で〈インキャラ〉という発話がなかったとしても、こうした形式に〈インキャラ〉という意味づけを読み取ることができる。

〈インキャラ〉が女子に適用された場合に無視や嘲笑という形式をとる背景には、女性を性的対象としてみる〈ヤンチャな子ら〉のまなざしがある。彼らは、誰と誰が付き合った、誰が「かわいい」などの話を頻繁にする。また、性的な話題をふることによって女子をからかう場面もみられた。だが、こうした話題に〈インキャラ〉があがることはない。〈インキャラ〉の女子は、そうした性的対象の基準に照らして無視や嘲笑の的になるのである。そもそも、〈インキャラ〉という解釈枠組みが性別を問わずに適用されること自体、異性愛の舞台から排除されていることを象徴している。もちろん、〈インキャラ〉と名指される生徒たちも、異性愛的な実践をおこなう場合がある。しかし、そうした〈インキャラ〉の実践は彼らの攻撃の的となった。

ダイが後ろの席にある筆箱を見て「きもっ」という。見ると、その筆箱には、短髪の男子と女子がキスしているプリクラが貼ってあった。ダイは、その筆箱をこぶしでたたく。がんがんがんと、かなり強く叩いている。私が「それ誰の？　さすがにひどいだろ」と言っても、「知らん、〈インキャラ〉」と言ってやめようとしない。後でその筆箱を見ると、ヒビが入ってしまっていた。（フィールドノーツ、二〇一〇年七月十六日）

この場面で、ダイは、異性愛実践を象徴する「男女がキスをしているプリクラ」が貼られた筆箱を叩き壊した。こうした事例に端的に表れているように、彼らにとって〈インキャラ〉は、異性愛の舞台にあがるべき存在ではないのである。

文脈のなかの〈インキャラ〉という解釈枠組み

ここまで、〈インキャラ〉という解釈枠組みが具体的文脈のなかでどのように運用されているのかをみてきた。それらの実践は一種の「からかい」と考えることができる。「からかい」の構造と機能について考察した江原由美子によれば[28]、「からかい」にはいくつかの機能があるという。江原の議論を私なりに整理すると、「からかい」には、①「親密性」を確認させる機能、②侮辱・攻撃・批判といった実際上の意図を実現する機能、③自らを「とるに足らぬ者」と規定したり、他者を「真面目に相手にするに足らぬ者」と規定する機能がある。

それを参考にすれば、本節でみてきた〈インキャラ〉という解釈枠組みに基づく実践では、適用する相手とその性別によって、その機能が使い分けられている。すなわち、自らに適用する場合は①の機能を、男子の〈インキャラ〉に対する攻撃は②の機能を、そして、女子の〈インキャラ〉に対しては③の機能を有していると考えられる。つまり、〈ヤンチャな子ら〉は、それを向ける対象（集団の内部か外部か）と、その性別（男子か女子か）によって巧みに意味を使い分けていたのである。そうすることによって、〈ヤンチャな子ら〉は日常的に、自分を集団の内部に位置づけたり、外部の者を措定し、集団の境界を構築していた[29]。

さらにホーソンの三つの原理[30]という観点からみると、〈インキャラ〉という解釈枠組みには、複数の男性性の原理が交錯している。つまり、男子に対しては攻撃性の原理、女子に対しては異性愛の原理に基づいて「からかい」がおこなわれる。〈インキャラ〉という解釈枠組み、そしてそれを運用した実践には、男性性を支える複数の原理が組み込まれていて、そうであるがゆえに、男女問わず、文脈に応じて生徒たちのジェンダー実践を規制していくのである。

ところで、本節の〈インキャラ〉を攻撃・嘲笑する事例は、ダイが関わっているものに偏っている。その理由は参与観察をおこなう私の焦点がダイに偏ってしまった可能性もあるが、それよりも集団内のダイの地位によるものが大きいと私は考えている。この点については、次節で示す坂田とスグルの事例をふまえたうえであらためて考察したい。

5 〈インキャラ〉という解釈枠組みのゆらぎ？

ここまで〈インキャラ〉を運用した実践について分析してきたが、こうした実践は、学年進行にともなって変容の兆しがみられた。とくに、他者を〈インキャラ〉と呼び、あからさまに攻撃したり嘲笑したりすることは、「子ども」だとみなされるようになっていった。それが具体的に表れたのが、坂田がSNSに書き込んだ次の文章である（匿名性の観点からURLや日付などは明示しない）。

スグルにはおとなしそうな子らもいっぱいよってきて一緒に楽しんだりしてるの見て、こいつ良い奴やなって思った。普通、〈インキャラ〉とかって見た目とかであんまり遊ぶ気しないやん。けどスグルはそんなん気にしないいし、大人やなって思った。

この文章が書き込まれた直後、私はスグルにインタビューをした。SNS上でのやりとりを知らなかった私が、「〈インキャラ〉って使うじゃん?」と聞くと、スグルは「おれは使わへんで。おれは人差別しやんから」（インタビュー、二〇一〇年七月十五日）と言って、前記の文章を見せてくれた。これ以降スグルは、自らと〈インキャラ〉との間に境界を引くことを明確に拒むようになる。

例えば次の事例である。当時、生徒の間で、あるウェブサイトを友人に紹介し、そこに友人の名前を登録させると、インターネット上で使えるポイントが加算されて得をするという噂が流れていた。そこでスグルは、隣に座る〈インキャラ〉に名前を登録させようとする。

ヒトシ：うわ、こいつ〈インキャラ〉に登録させようとしてるで。エグッ。
スグル：べつにええやろ。だって、こいつも儲かるんやから。
ヒトシ：ちゃうやろ。こいつ儲からんやろ。お前の名前でやるんやから。
スグル：ちゃう。こいつの名前も入れさすねん。
ヒトシ：そやったら、お前があんま儲からなくなるやん。
ダイ：お前アホちゃうか。利用すればええねん。〈インキャラ〉なんやから。
スグル：そんなん、ひどいっすよ。おれはそんなんしないっすから。
このやりとりのなか、〈インキャラ〉と名指された生徒はバツが悪そうに黙って座っていた。
（フィールドノーツ、二〇一〇年九月二十四日）

この場面で、〈インキャラ〉に利益を分け与えようとしたスグルは、ダイやヒトシから厳しく批判されている。しかしスグルは、彼らに「そんなんひどいっすよ」と反論し、〈インキャラ〉に登録させようとした。この会話に端的に表れているように、スグルは坂田の評価を積極的に受け入れ、その評価に値する実践をおこなうようになったのである。もちろん、〈インキャラ〉と呼ばれる生徒に発言権が与えられていないこの事例から、〈ヤンチャな子ら〉とその外部の生徒を隔てる境界が消滅したとはいえない。それでも、この事例は、以下の二点で重要である。

第一に、こうした〈インキャラ〉という解釈枠組みへの異議申し立ては、男性性の再定義を示唆するものだった。坂田がSNSに書き込んだ「大人やと思った」という表現のように、「大人」、そしてそれと対になる「子ども」というカテゴリーが台頭し、それまでの〈ヤンチャ〉＝暴力性を強調した男性性とは異なる男性性が提起されていくようになるのである。例えば高校中退後、トオルは、「目が合っただけでケンカを売ってきたヤツ」を「めっちゃ子ども」と言い、次のように語った。

おれ、同級生に金の甲斐性では負けたくないねやんか。絶対にそれだけは。一人おれの嫌いな同級生がおんねんけど。そいつだけには絶対に負けたくないねん。人間ってやっぱり、いつまでたっても暴力じゃあ解決できひんことだってあるやん。やっぱお金もってたら、うわ、負けたっていう気持ちにもなるやんか。（インタビュー、二〇一一年六月三日）

図9　ダイの拳に残る傷（筆者撮影）

会話のなかでトオルは、「いつまでたっても暴力じゃあ解決できひんことだってあるやん」と従来であれば〈ヤンチャ〉と肯定的に評価されていた暴力を否定し、「金の甲斐性では負けたくない」と、経済的側面の重要性を強調した。ここに見いだされるのは、男性性を〈ヤンチャ〉な行動と切り離し、経済的要素と関連づけようとする男性性の再定義である。ホーソンの三原理を用いれば[31]、年齢が上がるにつれて、「攻撃性」よりも「大黒柱」の原理が強調されるようになったといえるだろう。

もう一つ重要なのは、こうした従来の解釈枠組みへの異議申し立てをしたのが坂田だったという点である。というのも、彼は小学校時代からバイクを盗むなどの非行を繰り返し、中学時代は児童自立支援施設で過ごした経歴もあり、〈ヤンチャな子ら〉のなかでも一目置かれた存在だったからである。それに対して、〈インキャラ〉を頻繁に攻撃・嘲笑していたダイは、小・中学校時代にいじめられた経験をもっていて、浪人経験があって年齢が一つ上であるにもかかわらず、集団内の地位は周辺的だった[32]。だからこそダイは、積極的に〈インキャラ〉を攻撃・嘲笑することで、自らを〈ヤンチャな子ら〉に位置づけようとしていたのである。実際ダイは、卒業後のインタビューで次のように語っている。

べつにこいつには負けたくないとか思ってはないねんけど、自然とやっぱり、自分が有利に立ちたいっていう。いじめられてたっていうのもあるし、社交的じゃないから、仲良くなり方がわからへんから、うまいことしゃべって仲良くなって自分が上に立つっていうやり方ができひんから、暴力に走ってまうと思うねん。力で抑え付けるしかできひんっていう。(インタビュー、二〇一六年四月二十二日)

こうした坂田とダイの集団内の地位の差に目を向けると、次のように考えることができる。すなわち、坂田は集団内で高い地位にあったからこそ、〈インキャラ〉という解釈枠組みに対する異議申し立てをおこなうことができたのに対して、ダイは、集団のなかで自らの地位が周辺的だったために、〈インキャラ〉を攻撃・嘲笑しなければ、自らを集団内に位置づけることができなかった。この坂田とダイの事例は、集団内の地位によって解釈枠組みをどのように使用するかが大きく異なってくることを示唆している[33]。

6　集団の内部の階層性

本章では、〈ヤンチャな子ら〉が一つの類型であると想定するのではなく、その集団の境界がどのように構築されるのか、そしてそのなかにどのように男性性が組み込まれているのかを描いてきた。その際に注目したのが〈インキャラ〉という言葉だった。

本章の分析は次のように要約できる。〈ヤンチャな子ら〉が用いる〈インキャラ〉とは、具体的な人物と対応する生徒類型ではなく、人々の言動や実践を解釈していく枠組みとして考えたほうが適切だった（第3節）。そして、実際にその解釈枠組みが運用される場面に目を向けると、それは適用対象となる生徒が集団の内部か外部か、およびその生徒の性別によって異なる意味が付与され、複数の男性性の原理が使い分けられていた（第4節）。さらにその解釈枠組みに異議申し立てがおこなわれ、理想とされる男性性が再定義されていく可能性や、その維持・変容に集団内の地位が関わっていることを確認した（第5節）。

〈ヤンチャな子ら〉は図8に描かれているように外見などのスタイルをある程度共有しているために一つの集団としてみなすことができるが、その一方で、その内部には階層性をはらんでいる。しかも、その階層性を決定づけるのは、単に現時点で〈ヤンチャ〉であるというだけでなく、〈ヤンチャ〉な経歴があるかどうかという点であることが本章の分析から示唆された。つまり、コンビニを荒らしたことで鑑別所に入所したユウタや児童自立支援施設に入れられるほどの非行経歴をもつ坂田のように、〈ヤンチャ〉な経歴をもつ者は集団のなかでも相対的に地位が高い一方で、かつていじめにあっていたようなダイは、集団内で周辺的な地位にあり、だからこそ、攻撃的に振る舞って自分を集団の一員として位置づけようとしていたのだった。

このように、集団内部の地位が高校に入学する前の軌道によって左右されている事実をふまえれば、第1章で述べたように、彼らの集団内部の力学を理解するためには、彼らのスタイルに着目するようなメディア・ストリート空間の力学だけでなく、彼らが幼い頃から生活を規定している社会空間の力学も重ね合わせて分析することが重要になる。とくに、ダイは生活保護を受給していて、〈ヤンチャな子ら〉のなかでも厳しい生活状況にあった。そして、調査を続けるなかでわかってきたことは、同様に生活保護を受けていたコウジもまた、いじめられた経験をもつということだった。とくにコウジの場合、いじめられた経験が貧困状態と密接に関わっていた。コウジの生活状況については次章で詳しく述べるが、小さい頃からいくつかの場所を転々として暮らしていて、中学生になってZ区に転居した。その中学校で、いじめをきっかけに数カ月間不登校になる。コウジはそのときの様子について次のように語る。

コウジ：おれ、中学一年のとき、いじめられっこやってさ。
知念：そうなの？　意外。
コウジ：意外やろ（笑）。

知念：なんでいじめられてたの？
コウジ：なんかもう貧乏やってさ。（制服）兄貴のお下がりきとって。なんかそれで、なんやねん、それ、でかすぎやろ、みたいな感じでずっといじめられとってさ。（インタビュー、二〇一一年十二月四日）

コウジはその後、当時の担任教員の説得もあって学校に通い始め、〈ヤンチャ〉をする友人ができ、中学を卒業し、X高校に入学した。

このようなコウジとダイの事例から、調査を始めた時点では想定していなかったが、〈ヤンチャな子ら〉という集団内部での地位は、より広い社会で置かれた位置と相同しているのではないかという仮説が浮かんできた。そこで次章では、〈ヤンチャな子ら〉のなかでもより厳しい家庭背景を有するダイ、コウジ、ヒロキに焦点を当てて彼らの家族経験を描くことによって、〈ヤンチャな子ら〉の家庭の文化に関する第2章の知見について再検討をおこないたい。

注

（1）Willis, *op.cit.*（前掲『ハマータウンの野郎ども』）
（2）前掲「ジェンダー・サブカルチャーのダイナミクス」
（3）上間陽子「現代女子高校生のアイデンティティ形成」、日本教育学会機関誌編集委員会編「教育学

研究」第六十九巻第三号、日本教育学会、二〇〇二年

（4）宮崎あゆみ「ジェンダー・サブカルチャー――研究者の枠組みから生徒の視点へ」、志水宏吉編著『教育のエスノグラフィー――学校現場のいま』所収、嵯峨野書院、一九九八年。なお、類型論的アプローチの限界を指摘するからといって、私はその有効性を全面的に否定するわけではない。むしろ、集団の特徴や典型をわかりやすく描くという点では優れているともいえるだろう。私自身も過去の論考では、〈ヤンチャな子ら〉と〈インキャラ〉を類型として捉えて、集団間の違いを描いたことがある（知念渉「ジェンダーで考える教育の現在 男子高校生の文化――〈ヤンチャ〉と〈インキャラ〉に着目して」、部落解放・人権研究所編「ヒューマンライツ」第二百九十五号、解放出版社、二〇一二年）。

（5）C. J. Pascoe, "Dude, You're a Fag': Adolescent Masculinity and the Fag Discourse," *Sexualities*, 8(3), 2005.

（6）Ibid., p.343.

（7）「ポスト構造主義」と「構築主義」は厳密には区別しなければならないが、日本の「ジェンダーと教育」研究で、両者が明確な区別のもとで論じられてきたとは言い難い。そこで本章でもそれらをまとめて以下では「ポスト構造主義」と総称しておく。なお、本章で「ポスト構造主義」という場合、主に日本の「ジェンダーと教育」研究でのそれを想定していて、具体的には次のような研究である。西躰容子「「ジェンダーと学校教育」研究の視角転換――ポスト構造主義的展開へ」（日本教育社会学会編集委員会編「教育社会学研究」第六十二集、東洋館出版社、一九九八年）、羽田野慶子「〈身体的な男性優位〉神話はなぜ維持されるのか――スポーツ実践とジェンダーの再生産」（日本教育社会学会編集委員会編「教育社会学研究」第七十五集、東洋館出版社、二〇〇四年）、藤田由美子「幼児期

における「ジェンダー形成」再考——相互作用場面にみる権力関係の分析より」(日本教育社会学会編集委員会編「教育社会学研究」第七十四集、東洋館出版社、二〇〇四年)、上床弥生「中学校における生徒文化とジェンダー秩序——「ジェンダー・コード」に着目して」(日本教育社会学会編集委員会編「教育社会学研究」第八十九集、東洋館出版社、二〇一一年)など。

(8)前掲『男らしさの社会学』

(9)前掲『ヤンキー進化論』二〇九ページ

(10)前掲『排除する社会・排除に抗する学校』第三章

(11)前掲『高卒女性の12年』、前掲『裸足で逃げる』

(12)前掲『男らしさの社会学』iiiページ

(13)中西祐子「フェミニストポスト構造主義とは何か——経験的研究手法の確立に向けての一考察」、武蔵社会学会編「ソシオロジスト——武蔵社会学論集」第六巻第一号、武蔵社会学会、二〇〇四年

(14)同論文

(15)片田孫朝日『男子の権力』(「変容する親密圏/公共圏」第十巻)、京都大学学術出版会、二〇一四年、二八五―二八六ページ

(16)前掲「「ジェンダーと学校教育」研究の視角転換」、前掲「幼児期における「ジェンダー形成」再考」、前掲「中学校における生徒文化とジェンダー秩序」

(17)前掲「フェミニストポスト構造主義とは何か」

(18)Pascoe, op.cit.

(19)Richard Howson, *Challenging Hegemonic Masculinity*, Routledge, 2006, pp.73-76.

(20)R. W. Connell, *Masculinities*, 2nd ed, University of California Press, 2005, pp.73-76.

(21) Look vise, Inc.「インキャラ」「日本語俗語辞書」(http://zokugo-dict.com/02i/incara.htm)［二〇一七年三月八日アクセス］

(22) ケンタは、どちらかといえば〈ヤンチャな子ら〉と親しい男子生徒であるため、この図は、〈ヤンチャな子ら〉の側からみたイメージと考えたほうがいい。

(23) 前掲「ジェンダー・サブカルチャーのダイナミクス」

(24) Connell, *op.cit.*, p.79.

(25) 言明されないカテゴリーを分析する方法としては以下を参照。鶴田幸恵「言明されていないカテゴリー使用を見る——セクシュアル・ハラスメントの会話における性別カテゴリー」、関東社会学会編集委員会事務局編「年報社会学論集」第十九号、関東社会学会、二〇〇六年

(26) Pascoe, op.cit.

(27) 実際、第2章の九一ページに示した山本先生とカズヤのやりとりでは、シュウがカズヤに加勢している。

(28) 江原由美子『女性解放という思想』勁草書房、一九八五年

(29) 本書では〈ヤンチャな子ら〉に注目しているために〈インキャラ〉の能動的な側面を描けていないが、彼らは彼らなりの方法で集団の境界を構築していると考えられる。例えば團康晃「学校の中の物語作者たち——大学ノートを用いた協同での物語制作を事例に」(日本子ども社会学会紀要編集委員会編「子ども社会研究」第二十号、日本子ども社会学会、二〇一四年)は、「おたく」や「腐女子」と自称する女子たちが自らの集団の成員性を管理する姿を描いている。

(30) Howson, *op.cit.*, pp.73-76.

(31) *Ibid.*

(32) 例えば次のスグルの語りには、集団におけるダイの地位が表れている。「先輩にいじられるとか、当たり前と思うで。(略) ダイくんに蹴られるときとか、ちょっと「なんやねん」とかなるけど」(インタビュー、二〇一〇年七月十五日)
ちなみに、スグルは同級生の間で「チャラい」と評価されることが多く、〈ヤンチャ〉であることよりも、若者文化に精通していることや交友関係を広く築くことができることを強みにしていた。坂田が〈インキャラ〉という解釈枠組みへの異議申し立て＝ゲームのルールの変更を主張したことに従うスグルの反応もまた、彼の立場性から生まれたものだと考えられる。
(33) 第4節で描いたのが集団間の男性性のヘゲモニー闘争であったとすれば、第5節で取り上げた事例は、集団内のヘゲモニー闘争である。その意味で本章は、生徒集団間および集団内の男子たちのヘゲモニー闘争を通じて、「ヘゲモニックな男性性」(Connell, *op.cit.*) が集合的に構築される様を描いた試みでもある。また、コンネルの理論と経験的研究との間にあるズレを検討した川口遼「R・W・コンネルの男性性理論の批判的検討——ジェンダー構造の多元性に配慮した男性性のヘゲモニー闘争の分析へ」(一橋社会科学編集委員会編「一橋社会科学」第六巻、一橋大学大学院社会学研究科、二〇一四年)は、「男性性の階層関係の先験的な措定」と「男女間の関係性の後景化」という問題を指摘し、「ヘゲモニックな男性性からヘゲモニー闘争それ自体へずらすという指針と、ジェンダー構造を多元的に捉えるという指針」(同論文七五ページ)を提案している。本章の試みは、研究目的の違いもあって「男女間の関係性の後景化」という川口の批判を乗り越えられてはいないが、川口の提案にある程度合致していて、それを具体化したものだと位置づけられるだろう。

第4章 「貧困家族であること」のリアリティ

はじめに

前章では、ダイやコウジが過去にいじめられた経験をもち、そうした経験は、高校に入学してからも周りの者に認知されているために〈ヤンチャな子ら〉のなかでも周辺的な立場に置かれていること、そして、それはより広い社会で置かれた地位と対応関係にあるのではないかということを示した。前章の知見をふまえれば、フォーマルな学校文化と葛藤する〈ヤンチャな子ら〉の家庭の文化を一様に描いた第2章の知見は、再検討されなければならない。というのも、この知見の前提には二つの想定があり、ダイやコウジの存在は、その想定に疑義を突き付けるものだからである。二つの想定とは、第一に〈ヤンチャな子ら〉の全員が同じような家庭背景で育ってきたという想定、第二に、フォーマルな学校文化と葛藤を起こすほどに家庭の文化が強固に存在するという想定である。前章で明らかになったダイやコウジの存在は、〈ヤンチャな子ら〉という集団の内部には階層性があること、そして、〈ヤンチャな子ら〉のなかでもより厳しい家庭で育っている者が存在することを示しており、そうした知見が、前述した二つの想定に疑義を突き付けるのである。

そこで本章では、〈ヤンチャな子ら〉のなかでも相対的に厳しい家庭背景で生活してきた三人に焦点を当てて、彼らの家族経験をより詳しく分析していく。具体的には、貧困を背景にして居住地を転々としながらZ区にたどり着いたコウジ、父親と離婚後に母親が精神疾患を患って生活状況が厳しい状況にあったダイ、児童養護施設や児童相談所に入所経験があるヒロキである。[1]第2章で示した「おれの好きなこと、全部オトンからやで」と言うように自らの家族を肯定的に語る中島やカズヤ、シュウなどとは異なり、この三人は自らの家族に対して、一貫した評価で語ることはなかった。したがって、第2章のようにフォーマルな学校文化と葛藤するほどに強固なものとして彼らの家庭の文化を描くことは適切ではないだろう。そこで本章では、「記述の実践としての家族」という視点を手がかりにして、コウジ、ダイ、ヒロキの家族に対する語りを分析することにしたい。こうした作業は、これまで「貧困・生活不安定層」[2]というように一つに括られてきた層の内部にある亀裂を明らかにすることにもつながるだろう。

本章の対象となる三人は、〈ヤンチャな子ら〉のなかでも厳しい環境で育ってきた者たちであり、いずれも生活保護の受給経験がある。その意味で本章は、二〇〇〇年代になって再発見された「子ども・若者の貧困」に関する研究に位置づけることができるだろうし、また、そうしたほうが、本章の課題が明確になると思われる。そこで本章では、まず〇〇年代以降に蓄積された「子ども・若者の貧困」研究について整理してその課題を明確化する（第2節）。次に「記述の実践としての家族」という視点を援用する理由を述べ（第3節）、三人と私の間に交わされた会話を素材にして分析をおこなうことにする（第4節）。そして最後に分析結果をふまえて考察していく（第5節）。

1 「子ども・若者の貧困」研究における本章の位置づけ

二〇〇〇年代以降、「子ども・若者の貧困」に関する研究が数多く蓄積され、貧困家族を生きる子どもたちの生活上の困難を明らかにしてきた[3]。そして、それとともに問題視されるようになったのが、「「家族依存」という性質を抱えたわが国の構造[4]」である。こうしたなか、一三年に「子どもの貧困対策の推進に関する法律」が制定された。そのなかでは、「貧困の状況にある子どもが健やかに育成される環境を整備する」必要性が説かれ、国や地方公共団体の責務が明記されている。この法がどのように具体化されていくかは未知数ではあるが、とりあえず日本社会は、「家族依存」から脱却する一歩を踏み出したといえるだろう。

しかし、これから「家族依存」を脱却するための制度や手段が整備されていくとしても、当事者がそれを利用するとはかぎらない。なぜなら、家族社会学での主観的家族論や構築主義的家族研究が主張してきたように、人々にとって家族は、その構成員やケア機能といった客観的な構造や機能にはとどまらない意味をもつものだからだ。主観的家族論の代表的な論者の一人である山田昌弘が端的に述べるように、現代社会の人々にとって、家族とは、生活に役立つ／役立たないという観点から理解できる「機能的欲求」には還元できない、自分の存在意義を確認する「アイデンティティ欲求」を満たす関係にもなっているのである。(5)

実際、貧困問題に先立って「家族依存」が問題視された介護の領域では、被支援者たちにとって「家族であること」と「ケアすること」が規範的に結び付いているために、ケア機能を代替する「家族支援」がそれだけでは十分な政策的な企てとなりえないことが実証的に明らかにされ、被支援者の「家族であること」に配慮した支援の重要性が指摘されている。(6) また、子育て支援の領域でも同様の指摘がなされている。松木洋人は、子育て支援のサービスを提供する者たちへのインタビューを通じて、被支援者たちの「家族であること」に配慮しながら、子育て支援がおこなわれている実態を明らかにした。(7) 先の山田の言葉を用いてこれらの知見を整理するならば、介護や子育てにおける家族に関わる支援は、人々の機能的欲求だけでなく、アイデンティティ欲求にも配慮することが求められているということができるだろう。(8)

このような介護や子育て支援の研究動向をふまえると、「子ども・若者の貧困」を解決するために有効な支援策を提供しようとすれば、貧困家族を生きる子ども・若者にとっての、アイデンティティ欲求の次元における「家族であること」のリアリティを明らかにする必要が重要な課題として浮上する。とりわけ、「当事者の動機づけが低い」(9) ために「援助が入っていかない・拒否する親」の存在が示唆されてきた「貧困」という領域では、このような課題を追求することが不可欠だろう。

しかしながら、これまでの「子ども・若者の貧困」研究は、家族の機能的欲求の次元における欠乏を明らかにしてきた一方で、アイデンティティ欲求の次元については、十分に光を当ててきたとは言い難い。例えば、「子どもの貧困」問題の火付け役である阿部彩の『子どもの貧困』では、貧困は複合的であるとされ、「低所得」「情報の不足」「社会的ネットワークの欠如」「文化」「その他」の大分類と、「栄養」「医療へのアクセス」「家庭環境」「親のストレス」「学習資源の不足」「住居の問題」「近隣地域」「意識」（意欲）、「親の就労状況」の小分類に分けられているが、[10]それらはすべて子どもの成長に関わる「機能的欲求」に対応するものである。他方、湯澤直美は、「親による現実の生活保障機能は機能障害の状態にあろうとも、子どもにとっての地位付与機能や関係充足機能の意味は失われていない」[11]という、本章の問題関心と接続しうる指摘をしているが、それ以上の考察を展開しているわけではない。もちろん、「子どもの貧困」がこれまで不可視化されていたことをふまえれば、これらの研究の重要性はいうまでもない。だが、「子どもの貧困」が可視化され、それに対する支援策が具体化されようとしている今日的状況では、アイデンティティ欲求の次元に光を当てることもまた重要な課題となるはずである。

この点で評価できるのは、生活保護世帯の子どものライフストーリーを分析した林明子の研究だ。[12]この研究は、生活保護世帯の高校生が、学校では周辺的な位置に置かれる一方で、家庭で家事などを担うことによって自己アイデンティティを獲得する過程を描き出し、「子どもたちのアイデンティティ問題に深く切り込んだ方策が求められる」[13]と指摘した。つまり、他の研究で十分に配慮されてこなかった、アイデンティティ欲求の次元における「貧困家族であること」に光を当てたのである。ただし、アイデンティティを一貫性がある物語のように想定してしまっている点に、この研究の限界がある。というのも、浅野智彦が指摘するように、物語として構成されるアイデンティティは、「つねに相互行為的なものであり、状況的なもの」であるために、相互行為がおこなわれる文脈や状況が変われば、物語の間に齟齬が生じるような多元的なものであるからだ。[14] アイデンティティ欲求の次元における「貧困家族であること」をより正確に捉えようとすれば、文脈や状況に応じる流動性やそれらの間に起こる齟齬を含めて分析する必要があるだろう。[15]

したがって、文脈や状況に応じて流動する、貧困家族を生きる若者たちと私の間に交わされた会話を分析し、アイデンティティ欲求の次元における「貧困家族であること」のリアリティを明らかにすることができれば、本章の分析は「子ども・若者の貧困」研究に対して示唆を与えることができると考えられる。[16]

2 「記述の実践としての家族」という視点

アイデンティティ欲求の次元における「貧困家族であること」のリアリティを分析するためには、どのような視点が有効だろうか。その手がかりとなるのは、山田が機能的欲求とアイデンティティ欲求を区別する背景にある、家族定義をめぐる議論である。[17] これまで家族社会学では、客観的な構造や機能を条件にした家族定義と、人々が日常生活のなかで使用する家族概念に着目した家族定義との関係をめぐって議論がなされてきた。[18] こうした議論をふまえると、「居住と家計の二重の共同から定義される世帯概念[19]」と家族概念が互換的に使われていることからも明らかなように、「子ども・若者の貧困」研究は基本的には構造－機能主義的な定義を採用してきたといえるだろう。[20] 従来の「子ども・若者の貧困」研究は、そうした定義を採用することによって、前節で述べたように、貧困家族を生きる子ども・若者の生活上の困難を明らかにしてきたのである。

それに対して、アイデンティティ欲求の次元における「貧困家族であること」のリアリティに迫ることを試みる本章では、家族への社会構築主義的アプローチを採用する。家族への社会構築主義的アプローチとは、専門的な定義をどのように確立するかではなく、人々が日常的に使う家族の定義に接近しようとするアプローチのことである。[21]

家族への社会構築主義的アプローチの嚆矢となった『家族とは何か』のなかでジェイバー・F・グブリアムとジェイムズ・A・ホルスタインは、「記述の実践」(descriptive practice) を通じて、人々がいかに認知的および相互作用的に家族秩序を作り出しているのか、すなわち、「記述の実践としての家族」の産出過程を明らかにするべきだと論じた。[22] グブリアムとホルスタインによれば、人々は、正常的なものと病理的なもの、逸脱的なものと非逸脱的なもの、それらの二項対立の極の両方を能動的に使って自らの家族を解釈していて、「自分たちの生活が終始一貫して問題を抱えたものとして理解されるといったことはな[23]」いのだという。この「記述の実践としての家族」という視点は、相互行為の文脈や状況を重視するという点で、先の浅野のアイデンティティ論とも重なり合うものである。[24] したがって、文脈や状況をふまえたうえで、アイデンティティ欲求の次元における「貧困家族であること」のリアリティを捉えようとする本章の目的に適合したアプローチだといえるだろう。そこで本章では、この「記述の実践としての家族」という視点から、貧困家族を生きる若者たちと私との間になされた会話を分析していく。

私と対象者との間でなされた会話であるということを強調している理由についても、ここで述べておこう。それは、本章がフィールドワークやインタビューのなかに対象者の人生を見いだそうとするよりも、それらを通して私と相互行為をしたことを対象者の人生のなかの一つの出来事とみなしているからだ。(25) 本章の関心に即していえば、調査で得られた語りのなかに対象者の家族に関する出来事や経験を見つけ出すというよりも、特定の文脈や状況で私との相互行為のなかで対象者がどのように家族を記述していたのか、それ自体を分析するということである。調査のデータをそのように捉えることで、「記述の実践としての家族」という視点の有効性をより引き出すことができるだろう。

3　記述の実践としての「貧困家族」

ヒロキ・コウジ・ダイの生活状況

本節では、実際に私との間で交わされた会話のなかで、三人がどのように自らの家族を記述していたのかを分析していく。本節の分析からは、文脈や状況に応じて、自らの家族を「逸脱的な家族」として記述したり、それを否定して「正常な家族」として記述したりする様々な実践が明らかとなる。

分析に入る前に、彼らの過去と現在の生活状況について手短に述べておきたい。というのも、本章の分析対象となる私と彼らの会話は、そうした「背景知[26]」を前提としてなされたものだからである。

①ヒロキ

小学校に入学した頃ヒロキは母親と暮らしていた。しかし母親が再婚したことをきっかけに、児童養護施設に入った。そこで「小学校五、六年まで」過ごすが、母親が再び離婚したため、母親と異父妹と一緒に暮らすようになった。中学校時代は、「家帰ってないし」「学校も行かれへんかった」が、中学三年の頃、児童相談所の介入によって「高校入るくらいまではちゃんと、家に」帰り、中学校にも通うようになった。高校へ入学後は、家に帰らず友達の家を転々としながら過ごしていたが、あるとき、「なんかこの頃ひどい」ということで、X高校の教師たちと保護観察官がヒロキの名義で生活保護を申請し、一人暮らしをすることになった。そうした教師たちのはたらきかけもあって、ヒロキは一年間留年したものの、X高校を卒業することができた。母親は生活保護を「たぶん、受けてない」し、母親の仕事や収入源についても「知らない」が、母親は「借金で」「ローンを組めない」状況にあり、経済的に厳しい状況に置かれている。

②コウジ

コウジは「小学校一年生のときにオカンが出ていって、オトンとおれらきょうだい三人と暮らす」ことになったが、その数年後に父親が自死してしまう。それ以来、母親と暮らしているが、母親が精神的な病を患って働ける状態になかったため、生活保護を受けてきた。中学生の頃は「食べる物もないし電気もガスも切られている」ような状況だった。小学校低学年から学校に通わなくなっていたが、中学校に入って、担任の教師や何人かの同級生が家に来て「学校きいや」と説得されるうちに、学校に通うようになる。X高校に入学後も、依然として厳しい生活状況が続いていた。そして、病気が「ひどく」なった母親から毎日罵声を浴びせられるなど、生活状況が悪化していくなかで、出席日数などの問題で進級できずに、X高校を中退した。

③ダイ

小学校低学年の頃に両親が離婚した。ダイは母親に引き取られたが、離婚直後に母親が病気になり仕事ができなくなった。それ以来、生活保護を受けて生活してきた。小・中学校時代は、酒が入った母親に「おもくそ（思いっきり）蹴られたりとか」「寝るとき顔面踏まれたりとか」していた。一年間の浪人をしてX高校に入学した後、三年間で無事に高校を卒業。学校経由で就職したが、就職してしばらくたった頃に、「なんで働いてんねやろうとか、なんか、ようわからんようになってきて」「頭おかしなって、気違いみたいになって」、自殺未遂をして入院することになる。そして現在は、薬を飲みながら、再び母親と同居して暮らしている。なお、離婚した父親は、ときどき家に来ることがある。

「逸脱的な家族」として記述する実践

それでは、実際に分析をしていきたい。まず、理想的な家族を語る文脈で、彼らがどのように自らの家族を記述するのかをみていこう。彼らに将来や理想の結婚相手を尋ねると、彼らが育ってきた家族とは対照的な家族像が語られた。例えば以下は、放課後バイトに向かうヒロキに対して、「就職したらいまより楽になるかもね」と私が語りかけたときの会話である。

ヒロキ：おれ、朝早くから働いて、夕方には帰るっていうのがいいねん。
知念：朝早くからって朝七時とか？
ヒロキ：そう。そやったら、家族でご飯とか食べれるし。朝は無理やけど、夜は一緒に食べれるから。で、日曜日は休みみたいな。日曜日休みやと、子どもと遊びにもいけるし。そんなんがいいねん。（フィールドノーツ、二〇一〇年十月一日）

このようにヒロキは、「朝早くから働いて夕方には帰る」仕事に就きたいと言い、その理由について、「家族でご飯とか食べれるし」「子どもと遊びにもいけるし」と語った。

本章の関心にとって重要なのは、こうした語りが、自らの家族経験と結び付けられることによってなされる傾向にあったことだ。前記のヒロキの語りでは明示されていないものの、以下のコウジと私の会話にはそれが明確に読み取れる。コウジは、「自分の育ってきた家庭みたいなんにしようと思う?」という私の問いに対して、次のように答えた。

コウジ：全くといっていいほど、思わん。
知念：どんな家庭にしたいと思う?
コウジ：やっぱ笑いとまらんとかやろ。なにもかもおもろいとかやろ。
知念：子どももいて。
コウジ：やっぱお父さん、怖いけどやさしいっていうとこがいい。
知念：怖いけどやさしい?
コウジ：怒るとこは怒るから、こうやったらあかんで、みたいな。でも、どっか遊びにいこうかとか、子どものために時間つくってあげたりするのもめっちゃいいと思う。だから、イトコがそうやねんや。イトコの家庭がそんなんで、めっちゃうらやましいねん。おれ(の家族)、昔からそんなんやったから。(インタビュー、二〇一一年十二月四日)

ここでコウジは、自分の家庭のようにしたいとは「全くといっていいほど、思わん」と語り、「イトコの家庭」を例に挙げて理想的な家族像を私に説明した。ダイも同じように、「結婚相手に求めるものってある?」という私の問いかけに対して、自分の家族経験をふまえながら次のように応えた。

最近さ、虐待とかな、そんなん多いやん。それだけは絶対にしてほしくないな。オカンも一応、だからそんなん、おれのオカンも一応、ちょっとそんなんやん。虐待、まあ、虐待っちゃあ虐待やけど、そんなんあったから。まあ、親子で仲良くできるくらいがいいかな。（インタビュー、二〇一二年十月四日）

ここで、ダイは、「ちょっと」や「まあ」とためらいながらも、自らの親を「虐待」する親として位置づけ、「結婚相手に求めるもの」として、「それ（虐待）だけは絶対にしてほしくないな」と語っている。こうした語りから、ダイもコウジと同様に、自らの家族を「理想の家族」と対置させて記述していることがわかる。

以上のように、私に理想の家族を語る文脈で、彼らは自らの家族の逸脱的な側面を強調し、それと対置することによって理想の家族像を語った。つまり、理想的な家族を語るなかで、彼らは自らの家族を「逸脱的な家族」と定義して記述したのである[27]。前項で述べたような彼らの厳しい生活状況をふまえれば、このような語りは当然のようにも思える。だが、彼らは、自らの家族を常に「逸脱的な家族」として記述するわけではなかった。とくに私が彼らの家族を「逸脱的な家族」として記述した際には、それを拒否することもあった。

「逸脱的な家族」という記述を上書きする実践

X高校の同学年である彼ら三人は、お互いが経験してきたことを知り合っている。そのため、彼らの家族を記述する実践は、互いの経験を参照してなされることも少なくない。例えばコウジへのインタビューを終えた帰り道で、私が何気なく「ヒロキにも近々話を聞きたいんだけどさ」と語りかけると、コウジは次のように話した。

ヒロキにも話聞いたほうがいいで。ヒロキの話はほんまおもろいで。あいつ、おれよりひどいもん。だって、夜中帰ってきたら家の鍵閉まってて、ドアの前で寝てて、ほんで(母親が)ヒロキに気づいて鍵あけたと思ったら、毛布かぶせられて終わり、とかやで。おれは家はあったからな。あいつん家はほんまにひどいで。(フィールドノーツ、二〇一一年十二月四日)

コウジは、「食べるものもないし電気もガスも切られている」状況で過ごしてきたにもかかわらず、ヒロキの家族を「あいつ、おれよりひどいもん」と評価し、その理由として「おれは家はあったからな」と語った。つまり、コウジは、ヒロキの経験と比較することによって、「家があった」という自らの家族の「正常」な部分を記述したのである。

それでは、コウジに「おれよりひどいもん」と評価されたヒロキは、自分の家族をどのように記述するだろうか。私は、コウジと前記のやりとりを交わした後、ヒロキに対してインタビューをおこなった。そのなかで、私が思わずヒロキの家族経験を「複雑だな」と評すると、ヒロキは次のように語った。

そうでもない。児童相談所とか児童養護施設とか行ったら、親もいないし、親戚も誰もいやん人いっぱいおる。それに比べたら、と思うし。全然、苦しくもなかったし。(インタビュー、二〇一二年十一月十七日)

私の「複雑だな」という反応に、ヒロキは同意しなかった。彼は「児童相談所」や「児童養護施設」でみてきた「親もいないし、親戚も誰もいやん人」を引き合いに出して、自分の家族を「それに比べたら」「全然、苦しくもなかった」と記述した。コウジに「おれよりひどい」と評されたヒロキも、コウジと同様に、自分の家族よりも「ひどい」家族と比べることによって、自分の経験から「正常」な部分(=親がいること)を引き出したのである。この語りが、私が「複雑だな」とヒロキの家族を「逸脱的な家族」として記述したことを契機に始まっていることをふまえると、この実践は、「逸脱的な家族」という記述を上書きする実践ということができるだろう。

さらに興味深いのは、ヒロキとコウジが居合わせていたときの事例である。私とヒロキ、コウジの三人で放課後に話をしていると、コウジが自らの「きつい」現状を語りだした。その際に、比較対象となった他者はヒロキではなく、「アフリカの子」だった。

コウジ：でも、おれとかまだましやで。アフリカの子とかテレビで見てたらほんま食うのがないとかあるやん。足がないとかな。そんなんに比べたらおれは食うもんない言うても、そのへんで選ばんかったら拾って食えるし、足もちゃんとあるしな。
知念：でも比べたらそうだけど、きついもんはきついよな？
コウジ：きついけど、でも、比べんねん。おれはな。（生活が厳しくて）暗くなるやつとかおるけど、おれは前見て。こんな厳しい生活してる人はたぶん、のちのち、幸せになんで。厳しい生活のことわかるからそんな人にやさしくするしな。金持ちのやつとかきらいやもん。
ヒロキ：おれは金持ち好きやで。
コウジ：それは金づるとしてやろ。（コウジ、ヒロキ、知念の三人が笑う）（フィールドノーツ、二〇一〇年九月二十四日）

この場に居合わせたとき、私は、なぜ突然コウジが比較対象として「アフリカの子」を提示したのかが理解できなかった。だが、これまでの考察をふまえれば、以下のように解釈できるだろう。すなわち、コウジがここでヒロキを比較対象にすると、ヒロキの家族を「逸脱的な家族」として記述し、二人の間に境界が引かれてしまう。そのため、コウジは先の事例とは異なり、比較対象を「アフリカの子」にしたと考えられるのである。さらに彼らは、「金持ちのやつとかきらいやもん」という語りとそれに続く冗談のやりとりによって、「金持ち」と自分たちとの間に境界を引いて、仲間であることの確認をも同時に達成している。その意味で、この事例は、「貧困家族であること」のリアリティが、文脈に依存しながら相互行為的に達成されていくことを明確に示しているのである。

このように「貧困家族」を生きる当事者たちは、現在あるいは過去の家族を記述する文脈では、自分よりも逸脱している事例を比較対象とすることによって、私からなされた「逸脱的な家族」という記述を上書きした。これは、自らの家族を「逸脱的な家族」として記述していた、理想的な家族像が語られる文脈とは対照的である。貧困家族に生きる当事者たちがおこなう家族の記述は、このように文脈に応じて流動するものだった。[28]

さらに、前記のいくつかの事例で、私が彼らの家族を「逸脱的な家族」として記述し、彼らがそれを否定するやりとりに注目するならば、そこには、家族をめぐる様々な記述の志向が衝突したときに姿を現す「記述のポリティクス」[29]という事態を見いだすことができる。つまり、本節で紹介してきた事例は、当事者たちの家族を「逸脱的な家族」として記述しようとする私の志向と、それを拒否しようとする当事者たちの志向が衝突した「記述のポリティクス」の事例として考えられるのである。

「逸脱的な家族」から「正常な家族」へと書き換える実践

これまで、会話の文脈に応じて、当事者たちが自らの家族を「逸脱的な家族」として記述したり、私からなされた記述に対して上書きする実践をみてきた。他方で、自らが置かれた状況に鑑みながら、家族に関する自己記述を変容させていく場合もあった。そうしたケースとして、ダイの事例をみてみよう。
　ダイは、高校三年になると就職活動を始めた。そのとき、就職先を選択するいちばんの基準は、「住み込みは絶対やったから」(フィールドノーツ、二〇一一年十二月二日)というように、「住み込み」ができるかどうかだった。そして、ダイは望んだとおりに住み込みできる寮がある工場に就職を決めた。就職が決まると、ダイは、インターネット上に、「来年、家から出ていきます」や「早くこんな家から出て行きたいわ」などと、自らの家族に対して否定的な書き込みを頻繁にしていた。ところが、就職して二カ月ほどたった頃、自殺未遂したことをきっかけにダイはその工場を退職し、精神病院での入院を経て、母親と弟との住まいに戻ることになる。私は、退院した直後、ダイにインタビューをおこなった。そこでは、過去に泥酔した母親から暴力を受けた経験と同時に、入院をきっかけにして家族についての考え方を改めたことが語られた。

ダイ：寝てるとき顔面ふまれたりとか。そっち系かな。で、酔っ払ってて、もう、なんか友達連れていかれへんかったもん、家に。連れていったら絶対からんで、なんか、めっちゃ恥ずかしかったから。(略)ひどいときはそんなんやったな。んで、おれが鬱なって、それもいろいろ話してん。オカンに。んじゃあ、オカンも反省して、いまはもう、あんま酒飲んでない。
知念：あ、話したっていうのは最近？
ダイ：だから入院してから。
知念：入院して？

ダイ：そうそう。まず家であんま会話なかったから、お互いのことあんまり知らんかったし。オトンともしゃべったりとかしたし。だからオカンはほんまに酒飲むんが減った。まあ、医者にとめられてるっていうのもあるけど、最近またちょっと増えてきてるけど、ちょっとだけ。昨日の夜、一昨日か。一昨日もなんか酒飲んで朝まで起きてたけど。けど、からんでくるとかそういうのはなくなったから。そこまで激しいのは。（インタビュー、二〇一二年十月四日）

この語りで、ダイは、「寝てるとき顔面ふまれたり」、家に友達を「連れていかれへんかった」「恥ずかしかった」経験を、「ひどいとき」というように過去の出来事として位置づけたうえで、「鬱になって、それもいろいろ話して」、母親が改善したと記述した。母親の状況に関して、ダイの語りが「オカンはほんまに酒飲むんが減った」「最近またちょっと増えてきてるけど」と二転三転していることからわかるように、実際に母親が改善したのかは定かではない。むしろ、このような語りを聞くと、私のような第三者にとっては、以前と比べてそれほど改善していないようにも思えた。にもかかわらず、ダイは「からんでくるとかそういうのはなくなったから。そこまで激しいのは」と付け加えることによって、「ひどいとき」とは異なる家庭の状況があることを私に訴えたのである。このようなダイの一連の語りには、母親との関係が改善したことを私に対して伝えようとするダイの志向を明確に読み取ることができる。

そのダイの志向を感じ取った私が「いまの育った家族で、いいなと思ったことある？」と尋ねると、ダイは次のように答えた。

なんやかんや言って、オカンとオトンが仲良いからな。で、オカンもいまになって気づいたけど、よっぽど考えたら、子どものこと、ちゃんと考えてるし。（インタビュー、二〇一二年十月四日）

ダイは、自らの家族の「いいなと思ったこと」について、二点を挙げて述べている。第一に、「オカンとオトンが仲良い」という夫婦の親密性に関する点である。そして第二に、「子どものこと、ちゃんと考えてる」という言葉に表れているように、親が自らのことを気遣ってくれているという点である。松木洋人は、ベレニス・フィッシャーとジョーン・トロントを引用しながら、「親であること」(Parenting) には、「ケアを提供すること」(Caregiving) 以外にも、「気遣うこと」(Caring about)、「ケアに責任をもつこと」(Taking care of) といった様々な位相があると指摘している。[30] この指摘をふまえれば、ダイの語りは、ケアを提供することではなく、気遣うことに焦点を当てた語りだといえるだろう。

ここで重要なのは、ダイによって語られているのが、親子ではなく夫婦の親密性であり、ケアを提供することではなく気遣うことであるということだ。なぜなら、夫婦の親密性と気遣うことは、前述したような泥酔した母から受けた暴力の経験と、さしあたり矛盾することなく並存可能であり、多元的な家族経験のなかから、ダイが特定の経験を選択したことを読み取ることができるからだ。そして、このように家族を物語ることは、一度は家から出ることを決意したにもかかわらず、思わぬ形で家に戻ってきたダイの置かれた状況をふまえれば、母親や弟と再び同居するために必要なことだったのだろう。ダイはこのように語ることによって、同居するに値する「家族であること」を、私との会話のなかで実際に成し遂げていたのである。

この事例からわかるように、当事者たちは、状況に応じて家族に関する自己記述を書き換えていく。そしてその書き換えは、家族経験が多元的であるからこそ、可能になっているのである。もちろん、インタビューとは別の文脈や異なるタイミングであれば、ダイの家族に対する語りは違うものになっていたかもしれない。例えば、退院してより時間が経過した後であれば、母親や弟と再び同居するこの経験を、家族から離脱し損ねた物語として語る可能性も十分ありえるだろう。しかし、そうした可能性も含めて、当事者の家族の記述という実践は、流動的で多元的なのである。

4　アイデンティティとしての家族経験

本章では、「記述の実践としての家族」という視点から、アイデンティティ欲求の次元における「貧困家族であること」のリアリティを分析してきた。その結果は、以下の三点にまとめることができる。第一に、彼らは、会話の文脈に応じて、そして他の家族と比較することによって、状況に応じて自らの家族を「逸脱的な家族」とも「正常な家族」とも記述していた。第二に、会話のなかで私が彼らの家族を「逸脱的な家族」として記述しようとすると、「記述のポリティクス」が姿を現し、彼らは私の記述を否定（＝上書き）した。第三に、自らが置かれた状況の変化に対応するように、多元的な家族経験から特定の経験を選択し、家族に関する自己記述を書き換えていた。

本章第1節で述べたように、これまでの「子ども・若者の貧困」研究は、家族の機能的欲求の次元に焦点が当てられ、アイデンティティ欲求の次元は相対的に看過されてきた。また、数少ないアイデンティティに光を当てた林の研究[31]では、その意味づけは単一の物語として想定されていた。しかし、本章で見いだされた知見で示されたことは、アイデンティティ欲求の次元における「貧困家族であること」のリアリティは、先行研究が提示してきたものよりも、はるかに流動的で、相対的で、多元的であるということだ。

もちろん貧困家族に限らず、「家族であること」のリアリティそのものが流動的・相対的・多元的なのだろう。しかし他方で、家族経験をポジティブに一貫したものとして語りうるかどうかは、そう語りうる「資源」をどれほど有しているかに規定されている。例えば、第2章で「おれの好きなこと、全部オトンからやで」と語った中島や、「親の影響」でサーフィンやパンクロックを好きになったカズヤは、家族で旅行に行ったり趣味を楽しんだりする経験をもち、それを象徴する写真をSNSにアップすることで、自らの一貫した「家族」を他者に提示していける。それに対して、ダイやコウジ、ヒロキはそうした家族経験を（皆無ではないものの）十分にもたない。そのために、家族経験を一貫してポジティブに示すことは難しく、彼らの家族経験はより流動的・相対的・多元的なものとして語られやすい。つまり、他の者たちに比べて、三人の家族経験は、より断片的なものとして姿を現すのである。

第2章で示した「家庭の文化」は、具体的には、このような語りや語りに基づく行為として現れてくるのではないだろうか。そうであるとすれば、中島やカズヤ、シュウは強固な家庭の文化のもとで育ってきた者であるのに対して、ダイ、ヒロキ、コウジは、家庭にそれほど強固な文化を見いだせない者と考えることができる。したがって、フォーマルな学校の文化と家庭の文化が葛藤するという第2章の知見は、主に前者を想定したものとして修正されなければならない。〈ヤンチャな子ら〉のなかにも、家庭の文化を強固に有する者とそうでないものがいるということだ。

もちろん、本章で取り上げた三人の家族経験が学校文化と葛藤しないわけではない。本章で描いてきたように、家族を記述する実践は文脈や状況によって変わりうるために、ダイやヒロキやコウジが家庭の論理を学校文化の論理と対立させて語ることは可能だし、実際にそうした場面はたびたびみられた。しかし、たとえそのように語られたとしても、自らの家族経験を否定的にも捉えている三人の場合、他の者に比べて、その一貫性の強度はかなり弱いものとなるだろう。確かに中島やカズヤのアイデンティティは、フォーマルな学校文化が生徒に押し付けるアイデンティティと葛藤するものであるかもしれないが、それでも、ダイ、ヒロキ、コウジの三人と比較したとき、一貫したアイデンティティを構築できていること自体が一つの資源になっていると考えられるのである。

一貫したアイデンティティを構築しえないことは、仲間集団内部での評価とも密接に関わり合ってくる。次章で詳しく記述するが、例えばコウジは高校を中退後、現場仕事と居酒屋を掛け持ちしながら将来的には自らの居酒屋を経営したいと私に語った直後に、全く別の職業に就くといった場当たり的な転職をする。こうした彼の言動は、私や他の者から見たとき、あまりにも一貫性のないものに映る。実際、中学からコウジと親しい田中は、そのようなコウジを「流されやすい」と評価した。

五時間目は、体育を見学した。最後の体育ということで、男女混合でドッヂボールをするようだ。そんななか、田中は体操着に着替えているにもかかわらず、見学していた。見学しながら、私は田中とコウジの話をいろいろした。

知念：田中、コウジと仲いいんでしょ？　最近、コウジと会ったりした？
田中：最近は会ってへん。一カ月くらい前くらいから会ってへん。
知念：おれ、先月会ったよ。ご飯食べにいった。
田中：まじ？　どこで？
知念：普通にZ区で。なんか、現場やって、居酒屋やってみたいなこと言ってたな。
田中：そやな。でもいまはキャッチしてるやろ？
知念：え？　初めて聞いたけど。
田中：そやで。あいつ、いまはキャッチしてる。
知念：どんなきっかけで始めたんかな？
田中：中学校の女友達の友達にキャッチしてる男がおって、そいつに紹介してもらったたって。
知念：え？　前は居酒屋やりたいって言ってたよ。

田中：あいつ、しょっちゅう、変わるやろ。その前は、「おれは現場で極めんねん」とか言ってたし。あいつ流されやすいねん。その環境に。現場にいい人がおったら、それに行くし、周りにそうやってる人がいたら、居酒屋に行くし。
知念：そっか。でもコウジ、ホスト嫌いって言ってたけどな。
田中：うそ？　キャッチやけど、ホストみたいなもんやもんな。あいつ、ほんまに流されやすいからなー。（フィールドノーツ、二〇一二年一月二十日）

本章でみてきたように、ダイ、コウジ、ヒロキの生育環境はかなり厳しいものであり、限られた資源でそうした状況で場当たり的な選択や判断をせざるをえないのだろう。しかし、そうした場当たり的な選択や判断は、周りの者からは一貫性のないものとして捉えられてしまう。その結果、友人との信頼関係を築いていくことも難しくなるのである。

さて、ここまで主に学校生活の場面に焦点を当てて分析を進めてきた。前章と本章の分析でとくに強調してきたことは、外部からみれば一つの集団にみえる〈ヤンチャな子ら〉でも、その内部に目を向ければ、集団内に階層性や分裂があるということだった。そして、本章の分析をふまえれば、その内部の階層性は、その外部に存在する社会空間の力学（家庭の経済状況やZ区にたどり着いた経緯）に大きく規定されていて、強固な家庭の文化を担う者とそうでない者の間にある「社会的亀裂」と捉えることができるだろう。こうした〈ヤンチャな子ら〉の内部にある「社会的亀裂」は、学校から離脱して労働市場に出ていくことでより明瞭になる。次章ではそのことについてみていこう。

注

（1）三人のうち、ダイとコウジが育った家庭は生活保護を受けているため、制度的にも「貧困家族」だと認定されているが、ヒロキの家族は「たぶん、受けてない」というため、制度的には「貧困家族」だとはいえない。しかし、第一に、ダイやコウジからヒロキはより厳しい状況に置かれていると考えられていたこと、そして第二に、高校生活のある時期から教師たちの介入によって個人で生活保護を受けて生活していることから、分析から除くことは適切でないと考え、分析対象とした。

（2）前掲『排除する社会・排除に抗する学校』

（3）前掲『現代日本の「見えない」貧困』、前掲『子どもの貧困――日本の不公平を考える』、浅井春夫／松本伊智朗／湯澤直美編『子どもの貧困――子ども時代のしあわせ平等のために』（明石書店、二〇〇八年）など。

（4）前掲『現代日本の「見えない」貧困』二四三ページ

（5）山田昌弘「家族神話は必要か？――第二の近代の中の家族」、日本家族社会学会編「家族社会学研究」第十六巻第二号、日本家族社会学会、二〇〇五年

（6）木戸功『概念としての家族――家族社会学のニッチと構築主義』新泉社、二〇一〇年

（7）松木洋人『子育て支援の社会学――社会化のジレンマと家族の変容』新泉社、二〇一三年

（8）前掲「家族神話は必要か？」

（9）岩田美香「少年非行からみた子どもの貧困と学校——見守り役としての学校」、前掲『子どもの貧困——子ども時代のしあわせ平等のために』所収、一六四ページ

（10）前掲『子どもの貧困——日本の不公平を考える』三〇ページ

（11）湯澤直美「現代家族と子どもの貧困——「孤立のなかにある家族」から「つながり合う家族」へ」、前掲『子どもの貧困——子ども時代のしあわせ平等のために』所収、二四二ページ。湯澤がいう生活保障機能、関係充足的機能、地位付与機能とは、庄司洋子「家族生活と生活福祉」（一番ケ瀬康子／尾崎新編著『生活福祉論』〔「講座生活学」第七巻〕所収、光生館、一九九四年）の整理に従ったものである。すなわち、生活保障機能とは個人の生命や活力の維持と発展を図る機能であり、関係充足機能とは、人格関係と情緒的な絆で結ばれることの充足感を基盤にして、家族が個人に人間的な成長や安定をもたらす機能のことである。そして、地位付与機能とは、家族という集団が個人に与える夫婦、親子などの関係的地位を付与するはたらきのことである。なお、関係充足的機能と地位付与機能は、機能という接尾辞が付いている一方で、前掲「家族神話は必要か？」で山田昌弘がいうアイデンティティ欲求の次元と重なっているとも考えられるが、本章の目的はその理論的な整理ではないので、理論的検討については稿を改めたい。

（12）林明子「生活保護世帯の子どもの生活と進路選択——ライフストーリーに着目して」、日本教育学会機関誌編集委員会編「教育学研究」第七十九巻第一号、日本教育学会、二〇一二年

（13）同論文二二ページ

（14）浅野智彦「物語アイデンティティを越えて？」、上野千鶴子編『脱アイデンティティ』所収、勁草書房、二〇〇五年、八八ページ

(15) 本章では、文脈と状況という用語を次のように区別する。すなわち、文脈とは会話の流れのことであり、状況とは当人が置かれた社会的・経済的・物理的環境のことである。

(16)「貧困であること」と「家族であること」を分析的に区別して議論するべきだという批判もあるだろう。しかし、私が調査のなかで対象者たちに「貧困であること」の内実を尋ねると、それは不可避的に彼らの家族に対する評価と結び付いた。つまり、当事者にとって「貧困であること」と「家族であること」は密接に結び付き、分かち難い形で経験されていた。当事者たちのリアリティに迫ろうとする本章の関心にとって、その結び付きは決定的に重要であるために、本章では両者を分析的に区別することなく「貧困家族であること」としている。

(17) 前掲「家族神話は必要か?」

(18) 山田昌弘「「家族であること」のリアリティ」(好井裕明編『エスノメソドロジーの現実――せめぎあう〈生〉と〈常〉』〔Sekaishiso seminar〕所収、世界思想社、一九九二年)、田渕六郎「主観的家族論――その意義と問題」(ソシオロゴス編集委員会編「ソシオロゴス」第二十号、ソシオロゴス編集委員会、一九九六年)、松木洋人「家族定義問題の終焉――日常的な家族概念の含意の再検討」(日本家族社会学会編「家族社会学研究」第二十五巻第一号、日本家族社会学会、二〇一三年)など。

(19) 久保田裕之「家族定義の可能性と妥当性――非家族研究の系譜を手がかりに」、ソシオロジ編集委員会編「ソシオロジ」第五十五巻第一号、社会学研究会、二〇一〇年、一七ページ

(20) 前掲『子どもの貧困――日本の不公平を考える』、前掲「生活保護世帯の子どもの生活と進路選択」など。

(21) Jaber F. Gubrium and James A. Holstein, *What Is Family?*, Mayfield Publishing Company, 1990 (J・F・グブリアム/J・A・ホルスタイン『家族とは何か――その言説と現実』中河伸俊/湯川

純幸／鮎川潤訳、新曜社、一九九七年）、前掲『概念としての家族』、前掲『子育て支援の社会学』、前掲「家族定義問題の終焉」などを参照。なお、『家族とは何か』については、訳書を参考にしながらも、訳文を改めている場合がある。

(22) Gubrium and Holstein, *op.cit.*（前掲『家族とは何か』）

(23) *Ibid.*（同書七〇ページ）

(24) 前掲「物語アイデンティティを越えて？」

(25) 鶴田幸恵／小宮友根「人びとの人生を記述する——「相互行為としてのインタビュー」について」、ソシオロジ編集委員会編「ソシオロジ」第五十二巻第一号、社会学研究会、二〇〇七年

(26) James A. Holstein and Jaber F. Gubrium, *The Active Interview*, Sage, 1995.（ジェイムズ・ホルスタイン／ジェイバー・グブリアム『アクティヴ・インタビュー——相互行為としての社会調査』山田富秋／兼子一／倉石一郎／矢原隆行訳、せりか書房、二〇〇四年、一一七ページ）

(27) 本章で「逸脱的な家族」という場合、「概念間の論理的関係としての家族規範」（前掲『子育て支援の社会学』七三ページ）に合致しない家族という意味で用いている。例えば、先に示したヒロキと私の会話は、ヒロキの「家族でご飯とか食べれるし。朝は無理やけど、夜は一緒に食べれるから」という語りを私が端的に理解したからこそ成立していたのだが、その前提には、「家族は一緒にご飯を食べるほうがいい」という常識的知識があったと考えられる。この常識的知識が「概念間の論理的関係としての家族規範」の一例である。逆に、「正常な家族」とは、そうした「概念間の論理的関係としての家族規範」に合致した家族のことを意味している。

(28) ただし、調査者（私）と対象者三人の全員が男性であることに留意しなければならない。須長史生は、ハゲをめぐるからかいを分析し、男性がからかわれる際には精神的タフさが要請されていること

を指摘した（須長史生『ハゲを生きる――外見と男らしさの社会学』勁草書房、一九九九年）。その指摘をふまえれば、ここで対象者たちが自らの家族を「逸脱的な家族」と記述されることを否定している背景には、精神的タフさが要請されている可能性がある。そのため、対象者が女性であったならば、異なる結果が得られたかもしれない。

（29）Gubrium and Holstein, *op.cit.*（前掲『家族とは何か』二六四ページ）

（30）前掲『子育て支援の社会学』、Berenice Fisher and Joan C. Tronto, "Toward a Feminist Theory of Caring," in Emily K. Abel and Margaret K. Nelson eds., *Circles of Care: Work and Identity in Women's Lives*, State University of New York Press, 1990.

（31）前掲「生活保護世帯の子どもの生活と進路選択」

第５章 学校から労働市場へ

はじめに

前章までの分析は、主に〈ヤンチャな子ら〉が在学していたときのものだった。週に一回という限られた頻度ではあるがX高校に私も足を運んでいたために、実際に彼らと過ごす時間も多く、インタビューだけではなく、フィールドノーツも素材にしながら、彼らの学校生活での教師・生徒・家族との関係性を描いてきた。そしてそこで明らかになった重要な知見は、〈ヤンチャな子ら〉という一様にみえる集団の内部に「社会的亀裂」があるのではないかということである。

それでは、これまで描いてきたような集団内部にある「社会的亀裂」は、X高校を中退／卒業した後の生活にどのように関わっているのだろうか。本章では、X高校の中退／卒業後におこなった

〈ヤンチャな子ら〉に対するインタビューをもとにして、彼らが学校を離れ、労働市場へと移行していく過程を描き出し、これまで描き出してきた「社会的亀裂」がその過程にどのように関わっているのかを明らかにしたい。なお、これまでの章に比べるとどうしてもデータの量は少なくなってしまうが、それでも高校一年生時点から定期的に顔を合わせて追跡していた者たちの中退／卒業後の生活を分析した研究は、私が知るかぎりこれまでほとんどなされていないし、また、本書に登場するような少年たちに対する追跡が困難なことを考えると、貴重な記録にもなるだろう。

以下では、〈ヤンチャな子ら〉十四人全員の移行パターンを把握できているかぎりで図示して概観し、その後、そのなかの六人の移行経験を彼らの語りをもとに詳細に描き出したうえで考察をおこなうことにする。

1 〈ヤンチャな子ら〉の仕事への移行経路

はじめに、〈ヤンチャな子ら〉がそれぞれ二〇〇九年九月から一四年十二月の期間に、どのような移行経路をたどったのかを確認しよう。図10は、彼らの移行経路を帯にして示し、どの時点でどのような状態（在学していたのか、仕事をしていたのか、無職だったのか）にあったのかを図示したものである。なお、図を作成するにあたっては、学校から離れた時期が早い順番に並べ、〈在学〉〈無職〉〈見通しをもった仕事〉〈見通しをもたない仕事〉〈不明〉の五カテゴリーごとに背景色をつけた。[1]

図10をみるとわかるように、十四人中、留年せずに卒業した者が三人、留年しながらも卒業した者が三人、中退した者が（その後、通信制高校を卒業した中村とスグルを含めて）八人となっていて、全国の中退率と比べるともちろんのこと、X高校の当該学年全体の中退率（二〇一二年度の卒業者数／二〇〇九年度の入学者数が約三分の二である）に比べても中退者の割合が高い。また、学校経由で就職して二〇一四年十二月時点でもその仕事を続けている者は一人であり、ほとんどの者が学校を経由しないで仕事への移行を果たしていることがわかる。[2]

十四人の移行経路を示したこの図でとりわけ興味深いのは、必ずしも高校を卒業した者が労働市場に出た後に安定した移行経路をたどっているわけではない、ということだ。つまり、高校を卒業し一度は学校経由の就職をしたものの、その後は職を転々としている状況にあるダイのような者がいる一方で、高校を中退しているにもかかわらず、カズヤやシュウのように三年以上同じ仕事を続けている者もいる。[3] このように、高校中退／卒業という学歴がその後の生活を規定していないと考えられるとすれば、どのような要素によってその後の生活は規定されているのだろうか。この問いを念頭に置いて、次節では、六人の移行の経験をインタビューの語りから具体的に描き出していくことにしたい。

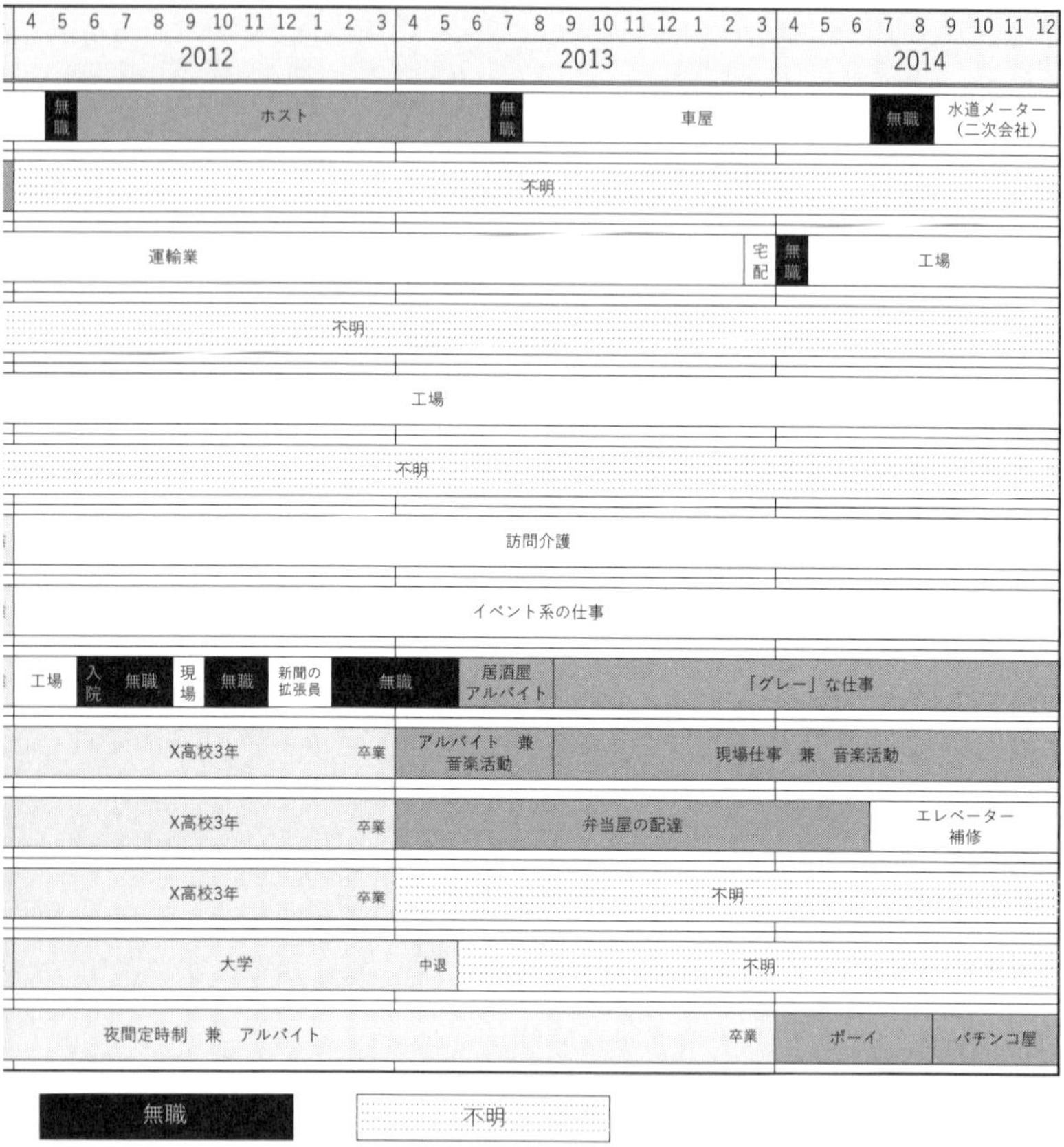
4 5 6 7 8 9 10 11 12 1 2 3 4 5 6 7 8 9 10 11 12 1 2 3 4 5 6 7 8 9 10 11 12
2012
2013
2014
無職
ホスト
無職
車屋
無職
水道メーター（二次会社）
不明
運輸業
宅配
無職
工場
不明
工場
不明
訪問介護
イベント系の仕事
工場
入院
無職
現場
無職
新聞の拡張員
無職
居酒屋アルバイト
「グレー」な仕事
X高校3年
卒業
アルバイト　兼　音楽活動
現場仕事　兼　音楽活動
X高校3年
卒業
弁当屋の配達
エレベーター補修
X高校3年
卒業
不明
大学
中退
不明
夜間定時制　兼　アルバイト
卒業
ボーイ
パチンコ屋
無職
不明

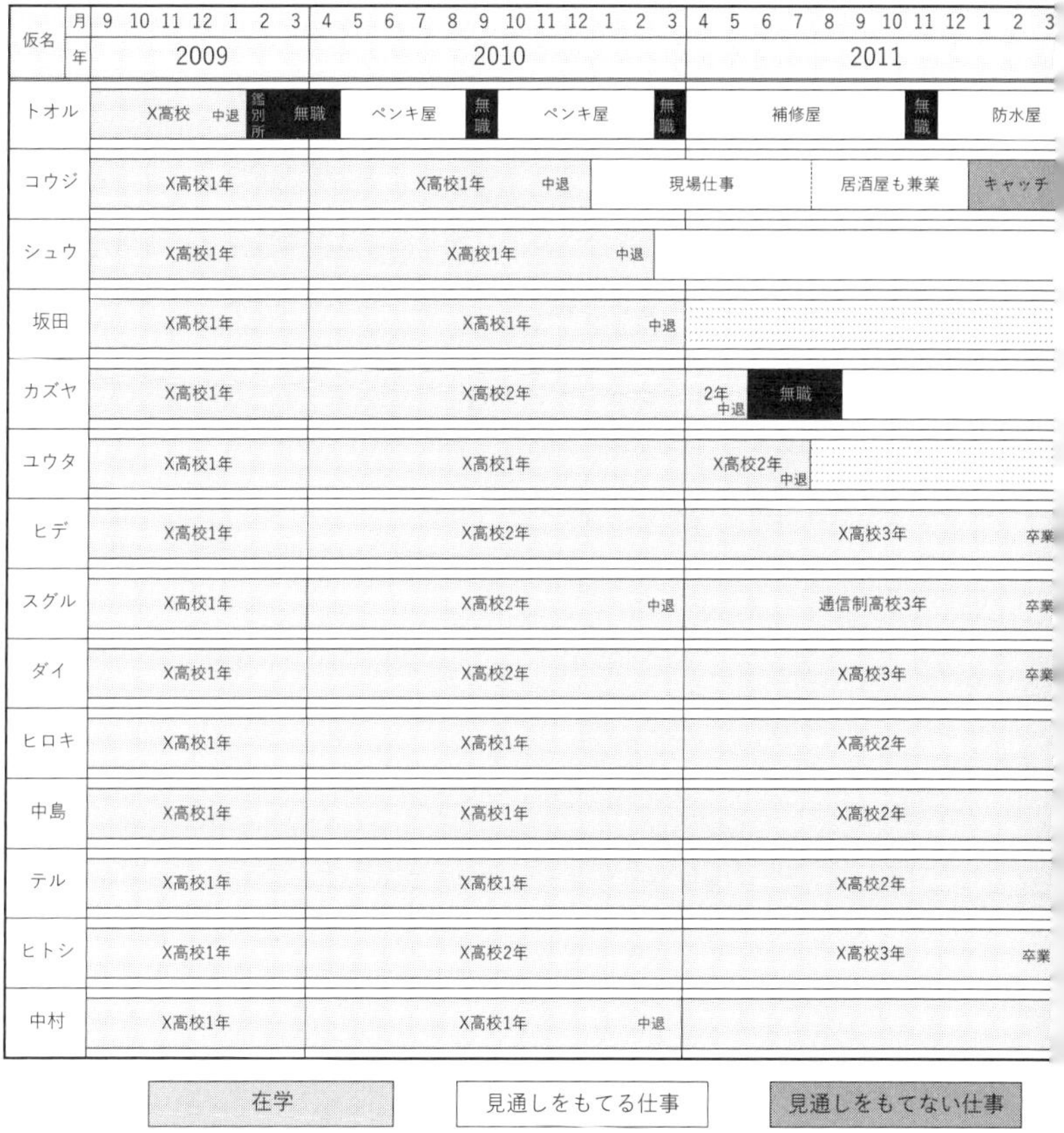

図10 〈ヤンチャな子ら〉の移行パターン

2 〈ヤンチャな子ら〉の移行経験——六人の語りから

前節では、いつ学校を離れてどのような仕事に就いてきたのかという客観的な経歴を図示することで、移行経路を概観した。それでは、彼らはそうした経路をどのように経験してきたのだろうか。以下では、十四人のなかでもとくに深い関係を築くことができた六人（トオル、コウジ、カズヤ、ダイ、ヒロキ、中島）の移行経験を、彼らの語りをもとに再構成してきたい。[4]

トオル——「人の下につかない」仕事を模索する

トオルは、小学校高学年頃に母親が再婚して以来、母親、義理の父、兄、妹の五人で暮らしてきた。トオルと血縁関係にある父親は、トオルが物心をつく前に家を出ていったため、当時のことは全然記憶にない。最近（二〇一一年インタビュー時点）は、「書類上はいまオトンおることになっているけど、もう別れるから、おらん」状態だという。母子家庭である状態も長いが、近くに住んでいる（母親側の）祖父が大きい風俗店や中古車会社を経営していることもあって、トオルは「お金に困ったことはない」。幼稚園から小学校まではスイミングとピアノ、英会話をやっていた「めちゃめちゃエリート」で、小学校までは成績も良かった。しかし、もともと「ガリ勉くんとはあんまり、仲ようない」家系でもあるし、中学校になって交友関係が広がると「タバコ覚えて、万引き覚えて、で、悪くなっていって、勉強しやんようになって」いく。そうなってからは「成績めちゃめちゃ悪かった」が、「中三の途中くらいから塾通い出して、（略）（X高校に）やっと合格した」感じだという。

X高校に入学後は、一年目に病気を患い留年し、二年目には第2章で述べたように、バイクを盗んだことをきっかけに鑑別所に送致された。そのために進級に必要な出席日数を満たすことができなくなり、中退することになった。中退後は、ペンキ屋などの複数の現場仕事を転々とするが、「楽して稼ぎたい」「人に使われるんは、おれはイヤ」という思いから、「人の下につかない」仕事を模索するようになる。高校を中退して約五年が経過した二〇一四年の夏のインタビューで、トオルはX高校を辞めた後の生活について次のように語る。

トオル：（学校）辞めて、いろいろしとったんかな、仕事。転々転々とずっとしとったな。ペンキ屋やったり。

知念：最初、ペンキ屋。

トオル：ペンキ屋。ペンキ屋行って、まあ半年一年ぐらいかな、約。「もうええわ」思って。「なんか違うなー」思って辞めて。辞めてずーっとプラプラ、プラプラしとって。ほんならもう、あるときに、親戚のおっさんたちとばーしゃべっとって、飲みながら。「お前何すんねん」って、「わからへん」言うて。「わからへんけど、人に使われるんは、おれはイヤや」言うて。「人に、一生人の下は絶対イヤやし。「ほんならお前、一回見たことない世界行ってこいやー」

言うて。「何？」って言うたら、それがホストやっててん。

知念：ほうほうほう。

トオル：「いや、おれは行かへん」言うて。「おれ、そんな柄じゃないし、柄でもないことできへんわー」言うとってんけど。「えらそうなこと言うなー」言うて。「一回、とりあえず経験やと思って、行ってこい」言うて、行ったところが、おれの、言うたら昔っから幼なじみっていうか、おれの親戚のおっさんの幼なじみやってんやんか。おれ、昔のイメージしか知らんやん。その人の。もう、昔のイメージのまんまで行ったから。ほんなら、でもそこには昔のその人はおらんかってん。めっちゃかっこよかったんや。もう、歩く姿とか、パリッと決めてるスーツとか、めっちゃかっこよかって、「芸能人や」みたいな、って思ったときに、おれもう、体験入店行って、一時間で「入ります」って言うてん。

知念：へー。その人、何歳くらい？

トオル：もう、四十（歳）過ぎてるよ。それでも現役でバリバリまだまだナンバーワンはっとったから、かっこええー思って。やべー、みたいな。ほんなら言われたんが、「トオル、お前もここいかんとあかんぞ」って。いちばんでかい写真のとこ、いかなあかんぞっ、て。「僕、入ります」言うて。かっこよかったなー、あんときは。ほんで、そっから丸々きっちり一年。やっとってんな。やっとって、ほんならもう、な、「いつまでたっても夜はあかんな」思ったから、車屋行って。

知念：え？　それ、見込みがないってこと？　夜の仕事。

トオル：体いわすやろ。ほんでまた、うちのじいさんが、な、「まともになれ」っていう意味で昼職に戻してくれてんや。
知念：はーはーはー。
トオル：でも車屋やってるけど、それ自分のじいさんのところの車屋やし。
知念：あ、そうなんだ。
トオル：そうそう。一人でやっといて、みたいな。一人でやっといてはちゃうけど、ある程度覚えて、段取りくんでやっとけ、みたいなやったけど、結果、やな。結果、ぐちゃぐちゃなって終わったけど。
知念：ぐちゃぐちゃってどういうこと？
トオル：ええように使われて終わったんちゃう。簡単に言うたら。身内に。
知念：結構不満があったわけ？
（略）
トオル：不満もくそも、最初はええことだけ言われて。「お前、来るか？」って言われたから、「行かへん、おれはずっとホストやっとくわ」って一回断ったけど、言うたら、おれのじいさん言うたら、中古車業界の一世を風靡した男なんよね。大昔に。ほんで、もう一回、起動させたいんかなっていう気持ちがみえたから、「ほんならおれ行くわー」言うて。「再起しよう」言うて。って言うてんけど、まあまあまあ、話せば長くなんねん。全部。全部話せば長くなんねんけど、簡単に言うたら「来い」って言われて、「一人でやれ」って言われて、一人でやれるもんやと思って行ったけど、ま、何カ月間かは一人でやっとった時期もあったけど、結果、わが息子がかわいい。孫よりも。で、ええように利用されて終わった感じかな。で、いまに至る感じ。（インタビュー、二〇一四年六月二十九日）

この語りからわかるように、トオルは、高校中退後、母親、祖父、親戚のツテをたどりながら、「人の下」につかない仕事を探し求めてきた。このインタビューの後、トオルと電話で話をすることがあり、そのときに「いま何してるの？」と尋ねたら、母親の紹介で、水道メーターを取り替える仕事を二次会社方式で請け負うことになったと語っていた。

図10でトオルの移行経歴を確認すると様々な仕事を転々としているが、その仕事を転々とする根底には、祖父に自分を重ね合わせながら「人の下につかない」仕事を求めるという一貫した志向があったのである。

コウジ――現場仕事と居酒屋のかけもちから「キャッチ」へ

第4章で説明したように、父親が自死して以来、コウジは母親ときょうだい三人と生活保護を受けて暮らしてきた。コウジは、家族の事情もあって小さい頃から居住地を転々としていて、小学校低学年から学校を休みがちになっていた。中学の頃、「なんかもう、貧乏やってさ。兄貴のおさがり着とって。（略）なんやねん、それ。でかすぎやろ、みたいな感じでずっといじめられとって」、学校に通えなくなった。それから二カ月がたった頃、担任の教師が家に訪ねてきた。そのときの様子についてコウジは次のように語る。

（先生が）家きて。先生、そんときな、おれの家の状況っていうのは知らんかってんや。で、おれの家の状況見てさ、「なんやねん？ここ」ってなったらしいねん。ほんまに汚くて、誰も入らんような家やねんや。おれ、そこにぽつんって寝転がっとったらしくて。でかいプリン持ってきて「入って大丈夫か？」みたいな感じできてくれて。「何なん？　何しにきたん？」みたいな感じやから、こっちからしたら。で、そっかいろいろ話しとって、「こういうことあってさー」みたいな。「いまはこうやってやってるけど、しょうみ、おれやり返したろうと思ってるし」みたいにいっとってんや。（略）「でも二カ月もたって、こうやって考えていること自体、おかしいとか思ってる」とか言うとってんや。そしたら先生に怒られてさ。「やり返す前にあんたが立派になったらええやん」みたいなこと言われて。「せやなー」みたいになって。「行くわー、明日」みたいな。（インタビュー、二〇一二年十二月四日）

次の日、コウジは「学ランやったらでかいからいじめられる思って。ジャージで」登校した。それから「みんなが見る目が変わって」、前章の最後に登場した田中などと仲良くなって、十人程度で構成されたグループのメンバーとなり、たまり場で「蚊がいようが、寒かろうが、そこでみんなで酒パしたり、おれがめっちゃ悩んだりしたときも」相談したりするようになっていった。そして、コウジは中学校卒業後、X高校に入学した。

しかしX高校に入学後も、依然として厳しい生活状況が続いた。そして、病気が「ひどく」なった母親から毎日罵声を浴びせられるなど、生活状況が悪化していくなかで、出席日数などの問題で進級できずに、X高校を中退した。

X高校中退後、コウジは携帯電話のサイトで見つけた現場仕事で働き始める。

知念：現場の仕事はいつから始めたの？
コウジ：現場は（X高校を）辞めて速攻。自分で見つけて。速攻行った。
知念：自分で見つけて？　何で見つけた？
コウジ：ケータイで。
知念：ケータイのサイトで？
コウジ：（ケータイを操作するジェスチャーをしながら）サイトでこうやって探しとって、「あるんちゃうん？」みたいな。兄貴が言うてくれてんや。「そうやってプータローなるんやったら、速攻働いたほうが絶対金なるから頑張りや」言われて。で、探して、あって、いって、みたいな。で、まだ続けてる。もう一年も終わりやな。もう終わりやな、今年。十二月やん。
知念：そうそうそう。いつから始めたの？
コウジ：現場？　面接して次の日。（インタビュー、二〇一二年十二月四日）

一方でコウジには夢があった。居酒屋を経営したいという夢だ。もともと高校一年生のときに働いていた居酒屋の店長への憧れから抱いた夢だったが、現場仕事をしながらも、その夢があきらめきれなかった。現場仕事を始めて数カ月後、コウジは、昼間は現場仕事、夜は居酒屋という寝る間もない生活を送り始める。その居酒屋で働くことになったきっかけは、現場仕事の後に仕事仲間で飲みにいった居酒屋でそこの店長と話したことだ。

ちょっと飲んでてさ、その店長も「飲みーや」みたいな感じになって、店長も飲んどってん。で、一緒にしゃべっとって。（略）「僕、ほんま言うたら居酒屋だしたいんですよね、夢が」って言うて。「ああ、そうなんですか。じゃあ、ぼくのところで働きます？」みたいな。「個人店やから。ぼくのところやったら、ちょくちょく来ても大丈夫なんで」みたいな。「そのかわり、ぼく厳しいんで」。「全然いいんで、たたいてください」（って言うて）、で、（思いが）共通になりました、みたいな感じ。（インタビュー、二〇一二年十二月四日）

そのときの生活は、寝る時間も十分に確保できないほど忙しいものだった。コウジはそのときの様子について次のように語る。

朝四時に起きて、終わるのがいうたら五時やん。で、居酒屋がそっから入るから。（夕方の）六時くらいに入って。で、六時くらいから入ったとして、（夜中の）二時とか三時とかに終わんねん。で、どうしようかなって迷うねん。そこで寝るか、家帰って寝るかっていうの。で、どうしようかなって思っとったら、考える時間ないから、そのまま現場いこうっていうときもあんねや。で、そのまま行くやん。で、車のなかで寝んねん。いつも。車んなか。移動してる途中。そんとき寝んねん。で、昼休み寝て、みたいな。(インタビュー、二〇二一年十二月四日)

最後に私が会ったのは、そうした生活を続けて半年ほどたったときだった。そのときコウジは、「夜の仕事」をしている「好きな子がおる」と言っていた。そのつながりからかわからないが、その後、コウジが「キャッチ」をしているという情報を最後に(第4章を参照)、私を含めて誰もコウジと連絡がとれなくなった。結婚して県外へ出たという話もあるが、それとは矛盾する情報もあり、その後の詳細は不明である。

カズヤ——地元で育ち、地元で生きていく

カズヤは生まれた頃からZ区に住んでいる。父、母、弟と一緒に住んでいて、父親もZ区で育ってきたため、祖父母や父親の友人も近隣に多くいる。父親はひとり親方で、経済的にそれほど恵まれているわけではないものの、ときに旅行に連れていったりしてくれた。

いろいろと〈ヤンチャ〉を繰り返しながらも中学校を卒業し、X高校に進学した。だが、一年留年した後、当時の恋人が妊娠したことをきっかけにX高校を中退することになった。中退後は三カ月間ハローワークに通ったり求人情報誌を見たりして仕事を探すものの、年齢が十七歳であることと高校中退という学歴が障壁となり、全く相手にされなかった。

カズヤ：六月で学校行かんくなって、九月一日で働き始めたけど、その三カ月間、仕事探すわけやんか。で、どこに電話しても、十八（歳）じゃないから無理とか、中卒は無理とか。
知念：ハローワークとかで？
カズヤ：（うなずく）
知念：うんうん。
カズヤ：その、応募の、なんて言うん？　資格みたいな。高卒無理、高卒じゃないと無理、大学じゃないと無理、みたいな。（インタビュー、二〇一四年六月二十九日）

そうしたなか、「地元のツレのオカン」がZ区にある工場を紹介してくれることになった。

最初、ハローワーク行って、なんやしてるときに、地元のツレのオカンがえらいさんで、たまたま「入れてあげる」って言って。で、社長と専務だけで面接して。合格っていうのは決まってて面接して入ったって感じ。（インタビュー、二〇一四年六月二十九日）

カズヤは、現在もその工場で働いている。その工場に対する唯一の不満は、カズヤがその工場に「引っ張って」正社員にさせた「ちっちゃいときから一緒、幼なじみ」の給料が、三年働いているカズヤよりも高いことである。

知念：カズヤ、いま仕事に不満ないの？

カズヤ：ある。あるって言ったら給料くらいかな。正社員やから固定給で安いやん。

知念：はいはい。

カズヤ：一人、子どもできた子を正社員にさすために、引き連れて、（会社に）入れて、下でやらしてんねんけど、三年、丸三年近くやっているおれと、一年目で何もできひん（その子が）、基本給が全く一緒で入ってきたから、それを知ってしまった自分がいてるから、そこに上に立ってる者に対しては腹立ってる。けど、まあ、子どももおるし、しゃーないかって。

知念：それは上の人が配慮して、引っ張ってきたってこと？

カズヤ：いや、おれが引っ張ってきた。

知念：あー、紹介したってこと？

カズヤ：そうそうそう。こういう子いてて、その、バイト二個掛け持ちしてやってたからそっちのほうが稼ぎはいいねんけど、安定するっちゃあ安定するし、ボーナスとかもあるし、言ったら、保険も社会保険で半分出してくれたりとか。で、嫁さんいてるから、嫁さんの手当とか、子どももいているから子どもの手当とか、あるから、「こっちおいでや」って言うたら、「行っていいんかなー」みたいになって。上の人と話して、で、一回面接してみようってなって、ひろってくれて。

知念：それでも、カズヤえらいね。紹介したの。

カズヤ：なんで？
知念：それはえらいでしょ。だって、その、周りに困っている人がいて。
カズヤ：あー。なんか、どうなんやろ、昔からなんかな。その、助けてあげたいっていうか、なんか自分がやってあげたいっていう。なるんよね、いつも。
知念：いや、すごい。なんか中学校からの友達とか？
カズヤ：いや、マンション一緒やって。で、その子のお母さんとおれの親父が同級生で中学校一緒で仲良かって、もうちっちゃいときから一緒。幼なじみ、生まれたときから知ってるくらいの勢い。同じマンションで同じ階で正面に住んでて、同い年で。で、オヤジとオカン同士が仲良くて、でオカンとオカン同士も仲良くて。（インタビュー、二〇一四年六月二十九日）

このような不満はあるものの、それ以外に不満はなく、カズヤは将来もその工場で働いていくという見通しをもっている。

いまの、前の工場長がもう定年で降りて、いまの工場長が三十五、六歳やねんけど、もうそれの下っていったら、三十歳から六十何歳までの間で二十代がおれしかおらんかったやんか。で、歴積んでて、もう若手っていったら、ぼくしかいてないから、次に工場長ってなると、ぼくしかいないんですよ。いまの工場。長いスタンスで見たら、続けてるほうが将来的には絶対安定っていうか、いい給料もらって、いい生活できるかなと思って。いま、それ見てがんばってる

かな。(インタビュー、二〇一四年六月二十九日)

カズヤは、自分が紹介した友人のほうが給料が高いことに不満はありながらも、「地元のツレのオカン」に紹介された「将来的には絶対安定」した仕事を続けている。現在は結婚し、ときに家族旅行の様子をSNSにアップしていて、それをみるかぎりでは、結婚後も安定した生活を送っているようである。

ダイ――そのときどきを生き抜く

第4章で述べたように、ダイは、小学校低学年の頃に両親が離婚し、生活保護を受けて母親と暮らしている。小・中学校時代には酒が入った母親に「おもくそ(思いっきり)蹴られたりとか」され、同級生からいじめを受けた経験もある。中学卒業後、一年間の浪人をしてX高校に入学した後は、あまり休むことなく高校に通った。高校三年生になって就職活動をし、見事一社目で内定をもらった。就職が決まった直後のダイは、私に対して卒業後の見通しを次のように語った。

ダイ:なんか、Q(市)のペットボトルにラベルとかを貼る仕事。そこで、三、四年は働いて、それからやりたいことがあったら、(転職)やってって感じでいこうかなって思って。給料も高卒にしてはいいし。

知念:へー。何社くらい受けて決まったの?

ダイ：その一社だけ。ていうか、ほとんどの子、半分くらいの子は一社で受かるんちゃう？
知念：そっか。そこで一生働くってことは考えてないの？
ダイ：まだ働いてないからな。見学はしたけど。いったら、単純作業みたいな感じやから、それができる人やったら、続くやろうけど、どうやろな。おれはそんなん飽きそうやから。
知念：仕事探すときって、どういう基準でそれにしたの？
ダイ：住み込みは絶対やったから、住み込みやろ。それから給料。あと、休み。で、なんて言うん？　福利厚生とか。住み込みのお金とか、福利厚生とか引いて十五、六万やから、いいやろ。住み込みの建物も見たけど、古いとかそんなんじゃなかったし。普通のワンルームのアパートみたいな感じで、門限とかもないし、彼女とかできたら連れ込めるし。（フィールドノーツ、二〇一一年十二月二日）

第４章でも述べたように、ダイは家から出て生活をするために「住み込み」の仕事を探し、見事にそういう会社に就職することができた。しかし、仕事内容がきつかったことや、住み込みや職場の人間関係に関するストレスから、二カ月ほどでその仕事を辞めてしまう。

朝四時に起きて、五時過ぎにもう家出なあかんねん。で、そっから六時半くらいまで仕事やから、夕方の。ほぼ十二時間。家出たの五時過ぎやから、十三時間くらい会社に使ってるわけよ。で、寝なあかんのは八時、九時やから、遅くても十時くらいやから。もう帰ってきたら、家に着くんが七時くらいやから。全然寝る時間つくったら、遊ぶ時間もないし、洗濯とかもいろいろせなあかんかったから、ほんまに平日は全然なんか楽しみなかって。仕事も単調仕事でおもんなかったし。で、休日は休日で、(同僚の) その田舎の子らを地元に連れていって、いろいろ飲みにいったりとか、観光連れていってたから、おれ自身、楽しないやん。観光連れていってるから。知ってる場所ばっか行くから。やから休日っていう休日がなかって、肉体的にはだいぶ疲れてて。で、言うたら一人暮らしっていうか、知らん子と二人で暮らしてたら精神的にも落ち着く場所がないから、なんか急にハッてなんか。その子、一緒に住んでる子、夜勤やってん。おれが日勤やって、時間がずれてるときに、たまたまなんか家で掃除とか洗濯物してるときに、「なんで働いてんねやろう?」とか、なんかようわからんようになってきて、「楽しないなー」とか、ばー考えて、んでなんか、ホンマになんか言うたら言葉悪いけど、頭おかしなって、ほんでなんか自殺未遂までいって。んで、最初首つりしようとしたけど、失敗して。で、次に酒飲んで、手首切って、で、切って血流しっぱなしやってんけど、結局はなんか寝てもうて。けど寝てるときに止まってたんか知らんけど、朝起こされて。で、そのまま同僚の子が救急車呼んで、まあ処置してから精神病院行って。一カ月くらい入院して。で、もう帰ってきて「辞める」って言って、「もう続けられへんから」って言うて。(インタビュー、二〇一二年十月四日)

その後、実家に戻り、同居しているわけではないがたまに家にくる父親のツテで現場仕事に就くものの、その仕事は一カ月程度で辞めた。そのようにして実家で「生活保護をもらった状態」で暮らすなか、恋人ができた。その付き合っていた恋人に「働いてないとかほんま無理、クズやん」「情けないとか、生活保護受けている人とか無理」とか言われたこともあって、「地元の先輩」に紹介された「新聞の拡張員」の仕事を始めるが、その仕事も一カ月ほどで辞めることになる。

知念：（仕事を紹介してもらったのは）地元の先輩？
ダイ：そう地元の先輩やけどなんで仲良くなったか知らんけど、向こうが馴れこい（馴れ馴れしい）だけなんやろうけど。
知念：そんなん、どんなして連絡くんの？　いきなり？　いきなり電話かかってきたりして「仕事しないか」みたいにくんの？
ダイ：いや、そんときたまたま遊んだりしてたんかな。その人が「パチンコ行くからついてきて」とかそんなんで、連絡とって飯食いにいったりしてたから、そんでなんか「仕事しやん？」みたいな。んで、話聞いたらまあまあいいかなって。その彼女おったから仕事しようと思って。で、してんけど、初給料が十万ぐらいやって、歩合制やから、休みもないし、休みも週一とかなんかで。週一の月曜かなんかやって、ばり中途半端なとこやって、まあ、その、いちばん辞めようと思ったのは先輩がうっとおしかったから。（インタビュー、二〇一四年九月二十三日）

それから半年くらい「ニート」をした後、高校時代に働いていた居酒屋で週二、三日働いていたが、そんなときに「飲み屋で知り合った」「プライベート知らん」人から紹介された合法・違法の曖昧な「グレー」な仕事に携わるようになる。

知念：それどういう紹介だったの、先輩から？
ダイ：知り合いの知り合い。で、何で知り合ったか知らんけど、忘れたけど、（その人）から教えてもらってん。やれへんみたいな。
知念：地元が一緒とかじゃなくて？
ダイ：違う違う、飲み屋で知り合ったんかな、なんか忘れたけど。
知念：へー、どこの人？
ダイ：どこ？ いや、大阪の人やけど。あんまプライベート知らんその人は。（インタビュー、二〇一四年九月二十三日）

ちなみに、その仕事に就くと同時に、ダイは実家を出て「（仕事の）上の人が借りている家」に住まわせてもらい、しばらくして、契約にかかるお金をその人から借りることでまかない、アパートの一室で一人暮らしを始めた。その後、一年ほどその「グレー」な仕事を続けた後に、風俗店で男性スタッフとして働き、半年ほどで人間関係のトラブルがあって辞めた。その後、実家に戻って暮らしているが、働いていない（二〇一六年四月時点）。アパートの契約にかかったお金や、風俗店で働いているときに店長から「結構、風俗行こうとか、どっか買い物行こうとか」「ラチられて」使ったお金を含めて数百万円の借金があり、その借金の返済について見通しをもてないでいる。このような状況のなかでダイは、父親が雇われている現場仕事を手伝ったりしているが、それも安定した収入源にはなりえず、これからの生活を探っている。

中島——彼女の妊娠をきっかけに「フリーター」から正規職へ

小学校五年生の頃に両親が離婚し、中島は母親に引き取られた。離婚して数年間は父親が「お金を入れて」くれていたが、「途中で払わんようになって、それでやばなって」生活保護を受けて生活してきた。父親はZ区出身で、離婚後も近所に住んでいて、一緒にスノボーをするために旅行することもあるくらい、中島は父親と連絡をとっていた。そして高校二年生になった頃、親権を母親から父親に移し、父親の再婚相手とその子ども(X高校の同級生〔女子〕でカズヤの幼なじみ)と暮らすようになった。それは同時に、生活保護世帯から抜けることを意味していた。

X高校では出席日数が足りずに一年留年したものの、それ以降は順調に進級し卒業した。その後、高校の頃からしていた弁当の配達のバイトを「フルで働かしてもらって」続けていたが、「毎日遊んで、(父親と)ケンカして、出ていって一人暮らし」を始めることになる。一人暮らしは、「友達のおばあちゃんがしとったマンションを」「ホンマは五万やけど、三万にしてくれて」、バイトで稼いだお金でやりくりし、彼女と「やりたい放題や」ったりした。そうした暮らしを続けているなかで、彼女の妊娠が発覚し、「フリーターじゃあかん」と考え、「幼なじみ。小学校から、ずっと仲ええ感じの」友人に紹介してもらい新しい仕事に就く。これらの経緯について中島は次のように語る。

中島：それで毎日遊んで、（父親と）ケンカして、出ていって一人暮らし。

知念：どこで？

中島：Z区。

知念：弁当屋しながら？

中島：うんうん。友達のおばあちゃんがしとったマンションを安くしてくれて。

知念：いくら？

中島：ホンマは五万やけど、三万にしてくれて。

知念：そんときの給料はどれぐらいだったの？

中島：二十万ぐらい。ほんでプラス弁当やから食費かからんかって。お弁当とかただでもらって帰っとったから。それでやりくりしとって、そうなって一人暮らしとなったら、まあちょちょこ女くるやん。で、やりたい放題やるやん。やっとったら妊娠した（笑）。

知念：わかりやすいね（笑）。それで十二月一人暮らし始めて、そんときはまだ弁当屋だったの？

中島：で、入籍したんは言うても六月ぐらい。ほんで「産みたい」言うから「ええよ」って。「頑張るわ」って就職して。五月ぐらいやねん、妊娠わかったん。

知念：そんときは弁当屋で？

中島：いや、すぐ辞めた。
知念：わかって辞めたの？
中島：妊娠わかってから。そんなんフリーターじゃあかんやん。それでいろいろ仕事探したら、その友達がいまおる会社の子がいま人探してんねんって。
知念：なんていう会社だっけ？
中島：Aっていう会社。ネットで調べたら出てくるで。でかいもん、会社。調べてみ。
（略）
中島：（働いていた弁当屋に）「正社員なるか」言われたけど、伸びしろがないから。
知念：お金の？
中島：そうそう、毎年上がっていくわけでもないし、ずっとその状態やったらいややなと思ったから、手当とかしっかりしてるところがいいから、いまのところに。昇給もちゃんとあるし。
知念：でもタイミングよく見つかるよね。
中島：そう、ホンマにタイミングよかった。
知念：それはハローワークで探したりしたの？　仕事。
中島：友達に一旦聞いて、なかったら探しにいこうかと思ったら、パッとすぐに。
知念：え、友達に自分から聞くわけ？　直接。
中島：だって地元の子やもん。で、もう一個、工場で働いている子が「おれのところに来て」って言ったけど、やっぱ会社でかいほうがええかな思ってこっちにした。（インタビュー、二〇

一四年十月二十五日）

中島が就職した会社は、通常は特殊な免許をもっている工業科の卒業生しか採用しないという。しかし、中島はそのような会社にツテで入ることになった。

知念：その紹介してくれた子はどうやって就職したんだっけ？
中島：新卒で、学校に求人きとって。
知念：Ｂ工科？
中島：Ｂ工科。その部長がＢの人やから。工業科の子しかとれへん言うとったで基本。アーク溶接とかもっとるやん。
知念：でも中島はなんで入れたの？
中島：そいつが結構信頼あったから。仕事できるし、仲ええし部長と。で、「ええんちゃう」って。「資格は後で取ってってたらええわ」って。
知念：履歴書書いて送って面接して？
中島：何月何日に履歴書持ってきてって言われて、そのまま行って、即採用。「とりあえず働いて」って、「来月」。二カ月ね。やっぱ辞める子多いらしいし、しんどいから、現場仕事やんか。「それでお前二カ月働いてまだやりたいって思うんやったら正社員になる」みたいな感じやな。

知念：弁当屋を辞めてから次の仕事行くまでは一カ月空いてない？
中島：いや、全然空いてへんで。だって面接の日まで、五月末までは弁当屋におったから。一日に面接行って、六月二日から働いて。（インタビュー、二〇一四年十月二十五日）

給料もいいし、ボーナスもあるし、いまのところ中島はこの仕事を「辞めるつもりはない」。このインタビューの後、無事に子どもが生まれて中島は親になった。

ヒロキ——「音楽やる」ために「派遣」として働く

ヒロキは生まれてから小学校に入るまで祖父母に育てられた。そのときは「おじいちゃん、おばあちゃんがお父さん、お母さんと思って」いて、「たまに来る人が、なんかお手伝い、親戚の人。それがオカンやった」という。小学校に入った後は母親と暮らすことになったが、それから間もなく児童相談所に送られることになる。

ヒロキ：小一入る前にいまのオカンがオカンって知って、そっから暮らすようになって、新しいオトンが来て。で、そこでいろいろあって、ま、虐待……かなんか知らんけど。自分では思ってなかったから。虐待かなんか受けてたらしくて。
知念：殴られたとか、そういうこと？
ヒロキ：それはあんまないけど、家に入れてもらえないとか。いろいろあって、で、児童相談所にいきなりなんか引き取られて、んで、児童養護施設に行って。あとはなんか弟が生まれるから面倒みられないみたいな感じで、児童相談所に入って。(インタビュー、二〇一二年十一月十七日)

児童養護施設で四年ほど過ごし、その後、「新しいオトン」と離婚した母親のもとに戻った。しばらく小学校に通っていたものの、徐々に家に帰ることができなくなり、友人の家や公園を転々とし、学校も休みがちになっていった。とくに「中学校は、あんま行ってないから覚えていない」。友人たちもヒロキのことを気遣って「夜まではみんな一緒にいてくれて。夜中、明日学校あるし、用事あるからって」帰っていき、「ずっと外に一人でおったりとか」、そういう生活が続いた。その後、警察に補導されて再び児童相談所に一カ月ほど入所し、それをきっかけにして「中三の最後らへんに家にまた帰り始めてから、高校入るくらいまではちゃんと、家に」帰って生活をするようになった。

しかしX高校に入っても、家に帰れず公園や友人の家を転々とする生活が「二年くらい」続いた。そのような生活がX高校に入学して三年目(一年生で一度留年したために二年生だった)で一転する。「なんかこの頃ひどい」ということで、X高校の教師たちと保護観察官の協力によって生活保護を受給し、一人暮らしをしながら学校に通うことになったのだ。そのような支援もあって、ヒロキは無事にX高校を卒業した。

卒業後は「音楽やる」ことを決めていたため、教師にその後の生活のことを尋ねられても「おれはフリーターになる」と答えていたという。音楽に目覚めたきっかけについてヒロキは次のように言う。

何がきっかけ？　言うたら、その、中学校の友達がライブを出てんの見て。で、昔から音楽が好きやって、中学校のときは毎日カラオケ行くくらい好きやって。そこで、去年かおととしくらい、その二人が、また中学校の友達が、そいつらがライブ出てんのを見て、めっちゃ悔しくて……そうそう。歌ってんの見て、おれなら、おれなら、みたいな。おれならもっとできる、みたいに思って。それが悔しくて、で、そっから音楽やりたいと思って。（インタビュー、二〇一二年十一月十七日）

実際、卒業後は、中島に紹介してもらった派遣会社を通じて「建設現場の派遣」として働いている。ライブの日に仕事を休みにするなどして音楽活動との調整がしやすいからだ。また、高校を卒業してしばらくすると、「コミュニケーションがとれんかった。お互い」と言っていた母親とも少しずつ和解し、いまは実家で暮らしているという。いまヒロキは、派遣の仕事をしながら、前記の語りに登場する「中学校の友達」二人とユニットを組んで、メジャーデビューを目指して音楽活動中心の日々を送っている。

3　移行経路と社会的ネットワーク

三つの移行経路

本章では、〈ヤンチャな子ら〉がX高校を中退／卒業後にどのような生活を送っているのかを図示して概観し、それから六人の語りをもとにして彼らの移行経験を再構成した。六人の移行経験をそれぞれ一言で整理するならば、次のようにいうことができるだろう。「人の下につかない」仕事を模索するトオル、居酒屋を経営したいという夢に向かって現場仕事と居酒屋スタッフを掛け持ちするコウジ、「地元のツレのオカン」の紹介で入った工場で働き続けようと考えているカズヤ、学校経由で就職した仕事を辞めて「グレー」な仕事や「風俗関係」の仕事を転々とするダイ、彼女の妊娠をきっかけにして「フリーターじゃあかん」と考えて地元の友達の紹介で正規職に就いた中島、音楽活動を生活の中心に据えるために「派遣」として働くヒロキ、である。彼らの移行経験から何がいえるだろうか。

まず彼らが仕事に就く経緯からわかるのは、転職における社会的ネットワークの重要性である。「プライベートはあまり知らない人」や「親戚」「地元のツレのオカン」「幼なじみ」など、どのような社会関係が活用されるかは個々人によって違いがあるものの、彼らにとって社会的ネットワークは就職していく際の足がかりになっていた。

そうした社会的ネットワークの重要性は、一九九〇年代後半以降に蓄積されてきた不安定な移行をたどる若者たちの研究で繰り返し指摘されてきたことでもある。例えば、ストリートダンサーたちの「地元つながり文化」に着目し彼らがフリーターにとどまる力学を考察した新谷、リスク・流動性を緩和しようとするなかで〈地元〉つながりを駆使して職業選択をしていく若年男性の生活史を描いた打越、同一対象者に対する長期的なインタビュー調査から「仕事に対する情報共有や斡旋から、仕事のつらさや離職後の鬱屈のフォローまで」様々な機能をもつネットワークが学校で成立し「地元」を基盤として維持されていることを考察した藤井（南出）吉祥などの研究である。[5] また計量的研究でも、若年労働市場では、とくに高卒までの学歴に限った場合、家族・親戚や友人・知人といったネットワークを介して就職することが、直接応募で就職するよりも、失業のリスクを低めることが明らかにされている。[6] これらの研究から総じていえるのは、不安定な移行をたどる若者たちの生活で、社会的ネットワークが、彼ら彼女らの情緒面を支えるうえでも、また物理的・経済的な生活を維持するうえでも不可欠な資源となっているということだ。

　本章では、こうした先行研究で指摘されてきたことがあらためて確認された。それに加えて本章で注目したいのは、

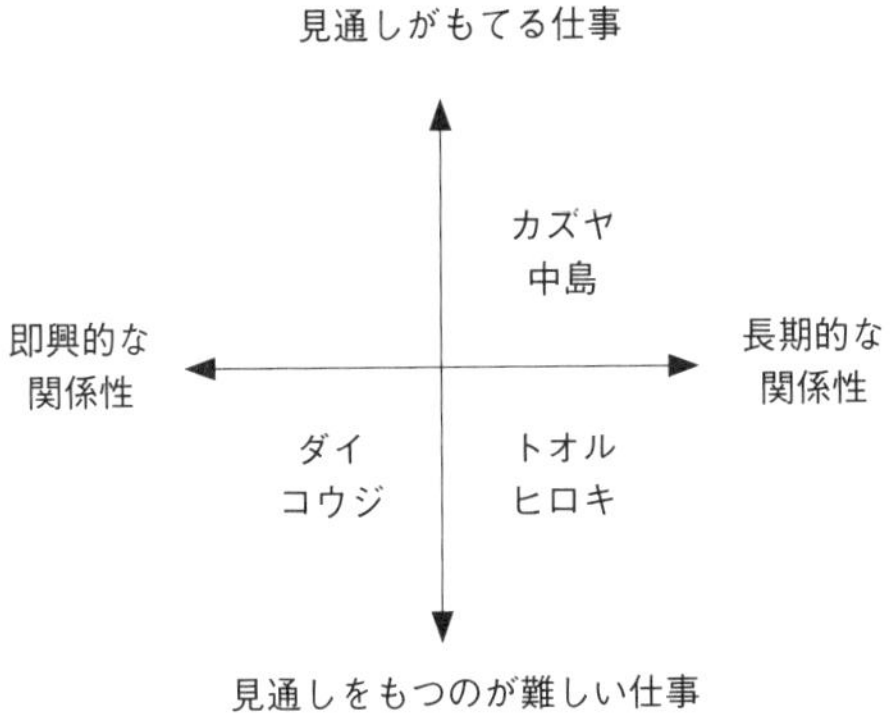

図11　移行経験の類型

活用されている社会的ネットワークの質とそれが導く先の経路の関連である。図11は横軸に転職に活用された社会的ネットワークが長い時間をかけて形成されたものであるか即興的なものであるかどうかを、縦軸にはそのネットワークを介して就いた仕事が見通しをもつことができるものだったかどうかを置き、その空間に前節で紹介した六人を分類したものである。

このように整理すると、三つのパターンが析出される。第一に、「地元のツレのオカン」「地元の友達」といった比較的近しい社会関係を介して相対的に安定した仕事を見つけることができたカズヤや中島のように、安定したネットワークによって安定した仕事を得た者たちである。第二に、「なんで仲良くなったか知らん」先輩や「ちょっと飲んでた」居酒屋の店員といった即興的な関係を使って仕事を転々として、見通しを持ち難い仕事に就いていく傾向にあるダイやコウジがたどる経路である。(7) そして第三に、「親戚」や「母親」、「中学校の友達」といった安定したネットワークではあるが、それによってもたらされた仕事が必ずしも安定していないトオルとヒロキである。ただし、トオルとヒロキは、どちらも実現が難しい将来展望（「人の下」につかない仕事、「音楽」）をもって模索している点では共通しているものの、経営者の家系で育ち「親戚」や「地元」のネットワークが豊富であるトオルに対して、ヒロキはそういった関係性をほとんどもたず、安定したネットワークといっても学校経験を介した友人しか頼ることができないという大きな違いがあることに注意が必要である。つまり、トオルとヒロキは図11では同じ象限にいるものの、両者がたどってきた社会的軌道は全く異なるものであるということだ。

ちなみに、こうしたネットワークは住まいを探すためにも活用されていて、「友達のおばあちゃん」が安くアパートの一室を貸してくれた中島と「プライベート知らん」人を頼りにアパートを借りたダイの違いのように、そこでも前記に対応する違いが見いだされる。そのように考えれば、彼らの生活では、仕事探しだけでなく家探しでも社会的ネットワークが重要な役割を果たしているといえるだろう。木戸口はジル・ジョーンズの議論を参照して、「大人になる過程」を〈学校から仕事へ〉〈離家〉〈家族形成〉といった諸側面が「相互に結びついたより糸」として捉えている(8)が、社会的ネットワークは、「仕事への移行」だけではなく、「大人への移行」そのものを規定しているといっても過言ではないだろう。

移行経路が分岐する背景

それではなぜ、このような違いが生じているのだろうか。前章までの分析から得られた知見もふまえながら、この点について考えてみよう。

まず決定的に重要なのは、安定した生活の場を確保できているか否かという点だ。例えばカズヤは、結果的に「地元のツレのオカン」に紹介してもらうことで工場の仕事に就くことができたが、その前には、十七歳という年齢と高校中退という学歴のために、ハローワークに通っているにもかかわらず仕事が見つけられない期間が三カ月あった。しかし見方を変えれば、カズヤが三カ月間職探しに専念できたのは、当座の生活を支える家族の存在があったからだ。

逆に、家族が安定した関係性でなく、また家庭が安心する場でもなかった場合、ダイがそうしたように、「住み込み」の仕事を探そうとするだろうし、なんらかの問題を抱えて家に戻ってきた場合も、早く家を出たいという思いから、すぐに次の仕事を見つけようとするだろう。つまり、ダイやコウジが即興的なネットワークによって仕事に就いていくのは、即座に選択せざるをえない状況に置かれていて、将来の見通しよりも現状をやり過ごすことに焦点を合わせて職を選択せざるをえないからなのである。このように職を探すうえで、一定期間安定した生活を確保できるかどうかという点で、ダイ・コウジ・ヒロキとカズヤ・中島・トオルの間には、重要な違いがあることを確認しておきたい。

そのうえで、本章で描いてきた〈ヤンチャな子ら〉の高校中退／卒業後の生活について、前章までの分析から得られた知見をふまえながら考察していきたい。前章までに描いたように、〈ヤンチャな子ら〉のなかには「社会的亀裂」があり、一方には家族との関係が強固に存在し、それを基盤に良好な仲間関係を築く者たちがいて、もう一方には家族との関係に困難を抱え、過去にいじめられた経験を持っている者たちがいた。ヒロキは家族との関係に困難を抱えながらも同級生たちと良好な関係を築いているため、この枠組みからすればやや例外的存在だが、そのことについては後述する。

前章までの分析から得られた〈ヤンチャな子ら〉の「社会的亀裂」は、中退／卒業後の生活まで時間軸を広げると、より明瞭になる。カズヤや中島の語りのなかには「ちっちゃい頃からの友達」や「幼なじみ」「地元の子」という長期間の関係性を示すワードが頻出するが、それは、彼らが父親がZ区出身であるうえに幼い頃からZ区に住んでいて、そうした関係性のなかで生活しているからだろう。仕事探しや場合によっては住まいを探す際にも、そうした関係性をたどって彼らは大人になっていくのである。トオルも、彼の祖父が経営者であったことの影響から「人の下につかない」仕事を探しているがゆえに仕事を転々としているが、基本的にはこのような関係性に埋め込まれていると考えていいだろう。

一方、ダイやコウジ、ヒロキの経歴は彼らとは対照的である。コウジやヒロキは、小さい頃から家庭が不安定なこともあって、住まいを転々として、小学校高学年になってＺ区やその近くの区にたどり着いた。ダイは、小さい頃からＺ区の隣の区に住んでいたものの、母親の精神的な病もあって家庭の外とのつながりがほとんどなかった。そうしたなかで、ダイとコウジはいじめられた経験があり、その後の同級生との関係も不安定なものである。そうしたなかで、家庭も安定した生活の場たりえないために、周りの者からみれば、その場しのぎとも思えるような即興的なネットワークを通じて不安定な仕事に就いていくのである。

このように考えれば、彼らの中退／卒業後の生活は、家族関係を土台にした、友人を含めた地元の関係に包摂されているか否かという点に大きく左右されていて、それは、親から譲り受けた「相続資本」[9]として捉えることもできる。社会的ネットワークに着目して移行過程を描く研究には、不安定な移行過程を支える機能を有するものとしてその積極的側面を強調するものが多い[10]。しかしその一方で、そうした社会関係が人々に等しく配分されているわけではないはずだ。例えば、若者の移行過程を追ったパネル質問紙調査（ＹＣＳＪ）から得たデータの分析結果をふまえて平塚眞樹は、「移行期を生きる若者にとって、人生の分岐点やリスクを乗り切る際に、頼りになる関係性はときにきわめて重要な資源、まさにソーシャル「キャピタル」として機能するが、それは、出自の環境や過去の経験の違いに応じて、すでに一定程度配分されている可能性がある」として、「関係性をめぐる不正義」の問題を指摘している。[11]〈ヤンチャな子ら〉の中退／卒業後の生活に帰結する本書で描き出されてきたことは、まさに平塚がいう「関係性をめぐる不正義」のプロセスだったといえるだろう。[12]

もちろん、ヒロキの事例が示すように、「貧困世帯」に生まれれば必ずいじめられて豊かな人間関係が築けない、というわけではない。ヒロキは小・中学校時代に母親との関係から、家に帰れない日々が続き、友達の家を転々としたり、ときには公園で朝を迎えたりしていた。そのようなときに好きだった「カラオケ」、そしてそのなかで築いた友人と一緒に「音楽」を軸に高校卒業後の生活を組み立てようとしている。本書の言葉でいえば、ダイとコウジは社会空間上の地位と学校空間上の地位が対応している事例だが、ヒロキは、メディア・ストリート空間の力学を利用しながら、学校空間での自分のポジションを確立していった事例と読むこともできるだろう。とはいえ、客観的にみれば、ヒロキの現在の生活は必ずしも将来の見通しは確かなものではなく、むしろかなり不確定なものであって、ヒロキの事例から楽観的な結論を引き出すことはできないだろう。

本章では、〈ヤンチャな子ら〉という集団内部にある「社会的亀裂」が、高校を中退／卒業した後の生活で、より明瞭になることを記述・分析してきた。本書を通じて描き出された〈ヤンチャな子ら〉のなかに生じていた「社会的亀裂」から、何がいえるのだろうか。終章では、序章と第1章で提起した論点をふまえながら、見いだされた知見の意義を整理していくことにする。

注

(1) フィリピン・マニラの引退ボクサーへの調査から、石岡丈昇は「予見を打ち立てること、つまり未来を描くことが奪われて、つねに今を生きるだけの日常が強いられる点に、失業の生活内在的なおそろしさがある」と論じている(前掲『ローカルボクサーと貧困世界』二一九ページ)。また、日本の大人への移行に関する研究でも、大人への移行が不安定化するなかで若者たちがどのように将来に対する「見通し」を構築しているのかが重要な論点となっている(木戸口正宏「「大人になること」について」、前掲『高卒5年 どう生き、これからどう生きるのか』所収)。実際、〈ヤンチャな子ら〉に、現在の仕事が「正規雇用か、非正規雇用か?」と問うても、彼らはどちらか答えることができなかった。そこで私は、「三十歳になってもいまの仕事を続けたいか?」「結婚してもその仕事を続けたいか?」と問いを変えることにした。言い換えれば、〈ヤンチャな子ら〉にとって、正規/非正規という区別よりも、見通しをもっている/もっていないという区別のほうが重要だったのである。ここで〈正規雇用〉/〈非正規雇用〉という区別を用いずに、〈見通しをもった仕事〉/〈見通しをもたない仕事〉という区別を用いているのはそうした事情によるものである。

(2) なお、図10で不明となっているテルは、〈ヤンチャな子ら〉への聞き取りから、「学校経由の仕事」を二〇一四年十二月時点でも続けていることが推察された。しかし、その確証がないために「不明」としている。ただし、テルを含めたとしても「学校経由の仕事」をその時点で続けている者は二人であり、いずれにしても少ない。ちなみに、同じように〈ヤンチャな子ら〉から得られた情報をもとに推察すれば、「不明」となっているユウタは高校中退後から一四年十二月現在まで「現場仕事」をしていて、ユウタと仲が良かったヒトシは、大学を中退後、ユウタとともに「現場仕事」をしているようだ。同じ中学校区出身である、テル、ユウタ、ヒトシは、一緒に旅行をしたりする様子をたびたびSNS上にアップしていて、現在でも仲良くしている様子を確認できている。このような情報から私は、彼ら三人に対するフォーマルなインタビューはできていないものの、彼らは、どちらかといえば本章に登場するカズヤや中島のような移行経路をたどっているだろうと推測している。

(3)二〇〇七年四月一日現在で二十歳である全国の男女を対象に五年間(毎年一回)追跡した質問紙調査であるYCSJでは、「中退者は高卒者と比べ、非正規雇用/無業を経験しやすいものの、中退者のみが継続的に経験するわけではない」と指摘されていて、とくに男性の場合、調査対象者が二十一歳頃からは、非正規雇用/無業経験の割合に高卒者と高校中退者の間で大きな違いが見いだされない(片山悠樹「高校中退者の移行」、乾彰夫/本田由紀/中村高康編『危機のなかの若者たち――教育とキャリアに関する5年間の追跡調査』所収、東京大学出版会、二〇一七年)。質問紙調査といっても、高校中退者の人数は十九人(うち男性十人)なので一般化するには慎重でなければならないが、こうした結果をふまえれば、高卒者と高校中退者の間には――少なくとも若年者の場合――、一般に想定されるよりも移行経験に大きな差はないのかもしれない。そうした先行研究で見いだされた知見を解釈するうえでも、本章の分析は重要な作業となると考えられる。

(4)私が深い関係を築くことができた者たちは、〈ヤンチャな子ら〉のなかでも、図10で確認してみると明らかなように、どちらかといえば、不安定な移行経路をたどっている者たちである。このことは調査を始めたときの私の予想に反するものだったが、おそらく本章の分析結果と整合的で、豊富な社会関係に埋め込まれている者ほど、私との関係性が重要でなくなるためだと考えられる。

(5)前掲「ストリートダンスからフリーターへ」、前掲「建築業から風俗営業へ」、藤井(南出)吉祥「ネットワーク形成・維持の基盤」、前掲『高卒5年 どう生き、これからどう生きるのか』所収

（6）石田賢示「若年労働市場における社会ネットワークと制度的連結の影響——社会ネットワークによるスクリーニング機能」、東北社会学会編「社会学年報」第四十号、東北社会学会年報編集委員会、二〇一一年

（7）ダイは父親を頼りに時折現場仕事をしており、コウジは兄の影響で現場仕事を始めている。このように確かに親族ネットワークが部分的に活用されているが、ダイは限られた日数しか働いていないし、コウジは結果的にインターネットを通じて現場仕事に就いている。その意味で、ダイとコウジの親族ネットワーク（＝長期的な関係性）は、転職活動に生かされたとは言い難い。

（8）Jones, *op.cit.*, pp.95-98、前掲「「大人になること」について」

（9）Pierre Bourdieu, *La Distinction : Critique sociale du jugement*, Les Editions de Minuit, 1979.（ピエール・ブルデュー『ディスタンクシオン——社会的判断力批判』第一巻、石井洋二郎訳〔Bourdieu library〕、藤原書店、一九九〇年、一二六—一三三ページ）

（10）例えば以下の文献が挙げられる。竹石聖子「「地元」で生きる若者たち」、前掲『18歳の今を生きぬく』所収、前掲『高卒女性の12年』

（11）平塚眞樹「若者の移行の背景・過程とソーシャル・キャピタル」、前掲『危機のなかの若者たち』所収、三五四—三五五ページ

（12）生活保護世帯の若者のケースファイルを分析した林明子は、「同じ被保護世帯に育つ子どもであっても、母親の学歴が高い場合や、母親が何らかの就労をしているケース、きょうだいが二人以下、学齢期の引っ越し回数が一回以下、小・中学校時代に不登校経験がない者」は、高校に進学しない、あるいは高校を中退する割合が少ないことを明らかにした。本章の分析は、そうした林の分析とも整合性がある（前掲『生活保護世帯の子どものライフストーリー』第三章）。

終章

〈ヤンチャな子ら〉の移行過程からみえてきたこと

1 〈ヤンチャな子ら〉集団内部にある「社会的亀裂」

〈ヤンチャな子ら〉は、どのように学校生活を送り、どのように労働市場へと出ていくのか。本書ではこの問いを念頭に置きながら、〈ヤンチャな子ら〉と教師との関係（第2章）、生徒同士の関係（第3章）、家族との関係（第4章）、そして労働市場に出た後の生活（第5章）を描いてきた。その結果、明らかになった最大の知見は、調査当初、私自身が一様の集団と捉えていた〈ヤンチャな子ら〉は、一見まとまりをもった一つの集団のようにみえるものの、そこには「社会的亀裂」が生じていて、二つの経路を生きる若者が内包されていたということである。その結果を理念的にまとめたのが、表2である。

表2にあるように、〈ヤンチャな子ら〉のなかには、カズヤや中島のように相対的に安定した経路をたどる者たちがいる。彼らは、親の世代から同一地区に住んでいて、地域のなかのつながりに恵まれている。そうしたつながりのなかで育つため、彼らには小さい頃からの友人や「幼なじみ」がいる。彼らが担う家庭の文化はフォーマルな学校文化と葛藤するものの、彼らは学校を中退／卒業した後、「地元のツレのオカン」や「幼なじみ」を介して、熟練労働者になる機会に開かれた工場労働などに就いていく。

他方、居住地を転々としてきたなどの事情から、地域とのつながりをほとんどもたない家庭で育

表2　〈ヤンチャな子ら〉という集団内部にある二つの経路

	比較的安定した経路（カズヤ、中島など）	より不安定な経路（ダイ、コウジ、ヒロキ）	
地域との関係	親の世代から同一地域に住み続けている。地域のなかに、親族の知り合いが多い。	親の家庭外のつながりが乏しい。居住地域を転々としながら暮らしているケースもある。	幼少期
友人との関係	小さい頃からの友人や「幼なじみ」が多い。そのなかには、親同士が知り合いの場合もある。	小学校・中学校時代にいじめられる傾向にある。ただし、いじめていた者にやり返す、さらに地位の高い者と関係を築く、といったことによっていじめから脱却する。	学齢期
フォーマルな学校文化との関係	家庭の文化が強固に存在し、それが学校文化と葛藤を起こす。そうした家庭の文化を土台にして、一貫したアイデンティティを構築している。	学校文化と葛藤するような場面もあるが、家庭に関する語りは流動的で、家庭は、一貫したアイデンティティを構築する土台となりがたい。	
移行期に活用できる社会関係	「親戚」や「幼なじみ」といった近しい関係を通じて、工場労働や配送業など、比較的安定した仕事に就いていく。離転職は少ない。離家の際にもそうした社会関係が生きてくる。	即興的なつながりを通じて、「夜の仕事」や雇用関係が不明瞭な、より不安定な仕事に就く。離転職が多い。即興的なつながりを通じた人とルームシェアなどをして、離家を果たすこともある。	移行期

ってきた者たちがいる。ダイ、コウジ、ヒロキである。彼らは、貧困であることや引っ越してきたことを背景にして小・中学校時代にいじめにあうが、いじめていた者に仕返しをする、あるいはいじめている者よりも地位が高い者と関係を築くことによって、いじめから抜け出す。そして高校時代には周辺的な地位にとどまるものの、〈ヤンチャな子ら〉の一員になっていた。また、第4章で分析したように、彼らの家庭は〈ヤンチャな子ら〉のなかでも社会経済的に厳しい状況に置かれていて、彼らの家族に関する語りには一貫性を見いだすことが難しく、相対的にフォーマルな学校文化と葛藤するほど強固な文化を家庭に見いだすことは難しい。そして高校中退／卒業後には、即興的なつながりによって「夜の仕事」や「グレー」な仕事のように、見通しをもつことが難しい職業に就いていくのだった。

もっとも、本書で明らかになった知見は、以上のことを軸としながらも、それにとどまらない。例えば〈ヤンチャな子ら〉と教師の関係性が必ずしも対立的ではないということや（第2章）、家族の語りの流動性・相対性・多元性に着目する重要性などである（第4章）。最後に、本書で明らかにしてきたこれらの知見が、どのような学術的・社会的意義を有しているのかを考察していきたい。

2　重層的な力学のなかにヤンキーを位置づけた意義

第1章で確認したように、これまでのヤンキー研究は、①若者文化としてのヤンキー、②生徒文化としてのヤンキー、③階層文化としてのヤンキー、という三つの潮流に大別でき、そこでの重要な争点の一つは、ヤンキー文化は若者文化なのか、生徒文化なのか、それとも階層文化なのかということだった。これらの議論を簡単に振り返ると、次のようになる。生徒文化研究での「ヤンキー」(反学校的生徒文化)では、学校での地位への不満・反動から生徒たちは非行文化にコミットするように描かれていた。それに対して、佐藤郁哉は『暴走族のエスノグラフィー』でこの説(地位欲求不満説・コンプレックス起源説)を否定し、青年期に特有の状況のなかで若者たちが暴走族活動をする魅力とリスクを勘案し、その活動へと参入し、卒業していくという「魅力―リスク」モデルを提案した。しかしその一方で、佐藤の研究は、階層文化の力学を考慮に入れず、その影響は分析の視野から外れていた。それに対して西田芳正のように、主に「貧困・生活不安定層」の大人への移行を「自然な移り行き」として描き、そうした少年たちのライフスタイルなどを「階層文化」として記述・分析する研究もあった。[1]

三つの潮流は相互批判のうえに成り立っているが、その一方で、ヤンキー文化をいずれか一つの文化に還元しようとする傾向を有している点では共通していた。それに対して本書では、これらの研究の知見をふまえながらも、複数の力学(メディア・ストリート空間、学校空間、社会空間)が重層的に作用するなかで生み出されたものとしてヤンキーの生活実践を捉えるという分析方針をとった。

このような分析方針の有効性を端的に示しているのが、第3章で見いだされた知見である。〈ヤンチャな子ら〉のメンバーは、図8に示したような特有のスタイルを共有すると同時に、他の生徒たちを〈インキャラ〉と呼んで差異化し、自らの集団の境界を作り出していた。こうした現象を若者文化という視点から分析しようとすれば、佐藤が暴走族のメンバーが所有する単車やクルマ、特攻服などを分析して「暴走族シンボリズム」を析出したように、〈ヤンチャな子ら〉のシンボリズムをより詳細に描き出し、それを体現できている度合いと集団内部の地位の関係性を問うこともできただろう。

しかし本書では、それよりも、そこに男性性の原理がどのように組み込まれているのか、そして、集団内部の階層性が、外部の力学とどのように結び付いているのかという方向に分析の力点を置いた。それは彼らの集団内部の力学に、社会空間の力学を重ねて理解しようとする試みだといえるだろう。そして、その結果としてみえてきたことが、彼らの集団内部の関係性は、それまで育ってきた経緯に規定されているという事実であり、スタイルによって統合されながら社会的亀裂が生じているという集団の二面性であった。このような集団の二面性は、特有のスタイルを供給するメディア・ストリート空間の力学と、社会的亀裂を生じさせる社会空間の力学を重ね合わせなければ見いだせなかっただろう。その意味で、本書の知見は、複数の力学を想定したからこそ見いだされたものだといえる。

ちなみに、メディア・ストリート空間の力学と社会空間の力学が具体的に出合う場として学校を位置づければ、学校空間の力学が重要な位置を占めることになる。そもそも、第2章で論じたように、〈ヤンチャな子ら〉がある程度の期間、学校にとどまってともに過ごすことができていたのは、

X高校の教師たちが、〈ヤンチャな子ら〉が担う家庭の文化とフォーマルな学校文化の葛藤を緩和させていたからである。その意味で、X高校の教師たちの実践は、〈ヤンチャな子ら〉が集団として成立するための前提条件だったといえるだろう。そう考えれば、学校空間とは、メディア・ストリート空間の力学と社会空間の力学が出合う具体的な舞台であり、そこで学校文化の体現者となる教師たちがどのような教育実践を展開するかによって、その舞台の様相は変わってくるはずである。

したがって、統合されているようにみえる集団内部に社会的亀裂が生じていたという知見にたどり着くことができたのは、若者文化・階層文化・生徒文化のどれか一つに還元することなく、複合的な力学のなかに彼らを位置づけたからこそであり、さらにいえば、学術的な用語ではなく、〈ヤンチャな子ら〉という現場の言葉を出発点にして対象にアプローチしたからである。その意味で、本書でこれまでおこなってきた分析は、人々の生活実践を捉えようとする際に、一つの力学だけを想定するのではなく複数の力学の重なり合いを想定すること、そして、現場の用語によって対象者を括りながら学術的な用語・議論と対話していくことの重要性を示すものになっている。

また、このような重層的なアプローチは、社会空間上では近しい位置にいるが別様のスタイルをもった若者たちの存在を分析的に位置づけることを可能にする。例えば、「階層文化としてのヤンキー」を表象する研究では、〈ヤンチャな子ら〉と社会空間上の位置は近い位置にいるにもかかわらず、X高校で〈インキャラ〉と呼ばれていたような生徒たちは、視野の外に置かれる傾向があった。それに対して、社会空間とメディア・ストリート空間を重ね合わせようとする本書のアプローチでは、〈インキャラ〉の存在を矛盾なく位置づけることができる（社会空間上の位置は近しくともメディア・ストリート空間の位置が異なる、というように)。本書ではそうした分析までは展開できなかったが、社会空間上では近しい位置に置かれた人々の多様性を説明できる点も、重層的なアプローチの魅力の一つである。

3 「ヤンキー」と括られる人々の内部に目を向けることの重要性

〈ヤンチャな子ら〉という集団の内部に二通りの経路を歩む者が内包されていたという本書の知見は、一つの高校での調査から得られたものである。したがって、一事例にすぎないといわれれば、そのとおりである。しかし私は、少なくとも、「ヤンキー」というカテゴリーのなかに複数の層に区別できる若者たちが内包されているという知見は、ある程度一般化できるのではないかと考えている。その理由の一つは、近年出版されている「ヤンキー」と呼びうる若者たちのルポルタージュに描かれている現実を、本書の知見によって整理できるように感じているからである。

例えば、二〇一五年二月に神奈川県川崎市で中学一年生の男子生徒が殺害された事件に迫った二冊のルポルタージュがある。磯部涼の『ルポ 川崎』と石井光太の『43回の殺意』である。[2] この事件は、当時中学一年生の少年が十七—十八歳の少年に殺害され、新聞、雑誌、テレビなどで連日報道された。テレビや新聞などのマスメディアでは不良グループによる犯行と報道していたが、ルポルタージュでは、どのような経緯で不良グループ間の争いが起きたのかを詳細に描いている。それらによれば、この事件は、複数の不良グループの軋轢のなかで生じてしまったものであり、「不良ヒエラルキーの下位にいた少年Aは、さらに下位である少年Xを手下にしようと試みたものの思いどおりにいかず、殺人に至ってしま」[3]った事件だったようなのである。

これらのルポルタージュから犯行に及んだ少年グループの生育環境や暴力的になる背景を知ると、ダイの境遇が思い起こされる。ダイは〈ヤンチャな子ら〉のなかでも劣位な立場に置かれ、ときに〈インキャラ〉とされる生徒たちや年齢が下の者を暴力によって抑え付けることを通して、集団に自分を位置づけていた。実際、ダイ自身が、のちに振り返って「力で抑え付けるしかできひん」[4]と語っていたことが印象的である。ルポルタージュを読むかぎり、川崎の事件は集団内部や集団間の地位争いから生じているものだったが、このような地位争いの結果、過剰な暴力が生じることはダイの過去の話からも示唆されるものだった。ダイがいじめから脱したときのエピソードから考えてみよう。

中学生の頃、ダイは十数人の同級生とともにいつも行動していて、そのなかで「いじられて」いた。そこには四、五人の女子もいて、「女の子も一緒におれのこといじってく」るという状態だったという。例えば、始業式の日の帰り道に、教科書がパンパンに入ったカバンを「ジャンケンで負けた人が持とう」という話になったが、ダイが負けるまでジャンケンは続き、最終的にダイが全員のカバンを持つことになった。また別の日には、自分のカバンにポスカ[5]で落書きしていた女子が「他に落書きするとこないかな。ダイの顔でええやん」みたいになって、顔に落書きをされたという。そのような状況に置かれていたダイに、あるとき集団内部での地位を覆すチャンスがおとずれる。集団のリーダー格の男子生徒が周りの者から疎まれ始め、周りの生徒たちがダイに対して「いじめられてんねんからお前やり返せや」ともちかけてきたのである。それがきっかけとなって、ダイはリーダー格の生徒とタイマンをはることになった。ダイはそのときの様子について次のように語った。

ダイ：とりあえずタイマンはれ、ま、タイマンはれっていうか、しばかすからみたいな。で、マンションの階段におったんけど、下まで降りてきて、みたいになって。で、降ろして。降りてきてすぐにもうしばいて。そんときその子、目の下のここ（涙袋のあたりを指差しながら）の骨と鼻の骨折れて。それで終わったんかな。

知念：ダイが？

ダイ：おれがしばいて、その子がおれて。で、むこうが「ほんまにやめて」みたいになったから、終わってん。

知念：それ二人でやったの？　みんな見てたの？

ダイ：見てた。女の子もみんな見てて、おれは全然まだまだ行く気やったけど、周りが気持ち悪がって、もうホンマにやめよう、みたいになって。「あぶない」みたいになって、止めに入ってきてん。で、最初は男友達はふざけて「やめろって」って言うてたけど、結構最後のほうなったらガチなって止められて。もう、危ないみたいな。その子めっちゃ鼻血バァー出して、顔面ぐちゃぐちゃなってたから。ほんまにやめとこみたいになって。女の子もめっちゃ気持ち

悪がって、それ見た瞬間、おれもうあかんわー、思ってやめた。（インタビュー、二〇一二年十月）

これ以来、ダイはいじられなくなった。もっとも、それはダイ自身が述べるように、「力で抑え付ける」ようなものだったのだが。

このダイのいじめから脱却したときのエピソードからわかることは、暴力が発動する際の社会的文脈の重要性である。ダイは、集団内部の力学のなかで「タイマンをはる」ことになり、それまで自分をいじってきたメンバーを観衆とするなかで、相手の顔を骨折させるほどの暴力をふるった。それは、集団のなかで下位に置かれ、自らの「男らしさ」を含めた自尊心を毀損されてきたダイにとって、自らの「男らしさ」を暴力によって証明するための絶好の場だったのだろう。

このようにヤンキー集団の内部や集団間では様々な争いが生じ、その結果として様々な暴力が生じている。ヤンキー集団を特定の文化に還元し一枚岩的に捉えるフレームでは、このような集団内部や集団間のダイナミクスをうまく捉えることができない。フィールド調査から見いだされたヤンキー集団の内部の階層性や複数性、そしてそこに社会空間の力学が作用しているという本書の知見は、ヤンキー集団を理解するうえで有用な補助線になるように思われる。

4　アンダークラスとしてカテゴリー化することの危険性

次に、本書の知見をより広い社会的文脈に位置づけたい。第1章で紹介した西田の研究は、「貧困・生活不安定層」の若者の子どもから大人への移行過程を分析したものだった。西田がいう「貧困・生活不安定層」とは、貧困層に加えて「「貧困線」をはさんで隣接する層、経済的な困難さでみれば貧困層と比して軽度ではあるが、さまざまな形で不安定さ、困難さを抱える人々[6]」である。西田は、彼ら彼女らの大人への移行を「困難で不安定な大人の世界への自然な移り行き[7]」と表現し、「貧困・生活不安定層」の移行過程を一つのパターンとして描き出した。それに対して、集団内部に「社会的亀裂」を見いだした本書は、「貧困層」と「生活不安定層」の間に異なる移行パターンを見いだした研究と位置づけることができるだろう。

このように考えたときに思い浮かぶのは、「労働者階級／アンダークラス」というカテゴリーで本書の知見を整理するという発想だろう。日本社会で「階級」概念の適用可能性を検討してきた橋本健二は、各種統計資料の分析から「労働者階級内部で正規労働者と非正規労働者が異質性を増し、労働者階級全体が二つに分裂し始めている[8]」と指摘し、現代日本で正規労働者と非正規労働者を区別することの重要性を訴えている。橋本によれば、非正規労働者は「雇用が不安定で、賃金も正規労働者には遠く及ばない。（略）結婚して家族を形成することが難しいなど、従来ある労働者階級とも異質な、ひとつの下層階級を構成しはじめて[9]」いるため、非正規労働者は労働者階級と区別してアンダークラスと呼ぶにふさわしいというのである。

確かに、正規労働者と非正規労働者の差異に目を向けた橋本の分析結果は、本書の知見と共通性があり、非常に興味深いものである。とくに、非正規労働者＝アンダークラスには最終学校を中退した人が多い、学卒後すぐに就職した人が他の階級に比べて少ない、学校でいじめを受けた経験や不登校経験をもつ人が多いなどの分析結果は、本書に登場するダイ、コウジ、ヒロキを思い起こさせる。橋本は、操作的定義によって各階級に人々を分類し、階級間に統計的差異を見いだしていくことで諸階級の特徴を描き出している。その意味で橋本の研究はブルデューがいうところの「紙の上の階級[10]」ないし「一体性への客観的な潜在的可能性[11]」を明らかにしたものであり、それに対して本書は、そうした潜在的可能性がどのように人々の実際の生活のなかに顕在化し、人々の集団形成に作用しているのかを明らかにしてきたと考えることもできるかもしれない。そうした点からいえば、橋本の分析は、本書と補完関係にあるものとして捉えられるだろう。

しかしながら、アンダークラスという言葉が通俗的に流布したアメリカやイギリスでその言葉が生み出した政治的な帰結から、私はアンダークラスという言葉を使用することには慎重でなければならないと考えている。

ガンズの研究に依拠しながらアメリカのアンダークラスをめぐる論争を整理した西村貴直によれば、一九八〇年代から九〇年代にかけて二つの立場が対立する形でその論争は生じたのだという[12]。すなわち、アンダークラスとは、福祉に依存した結果、病理的・逸脱的な行動（例えば路上犯罪や十代での妊娠）をとる「救済に値しない」人々だとする保守派と、そうではなく、脱工業化という経済的・社会的構造の変化の結果として貧困者になった「犠牲者」として捉えるリベラル派の対立である。リベラル派を牽引していたウィリアム・J・ウィルソンは、アンダークラスという用語を社会科学の分析概念に鍛え上げようと努めたものの、(13)「結局、アンダークラスの語は、永続的に貧困状態にある人々の行動様式に言及する概念へ」と侮辱的なニュアンスを伴いながら収斂していった。(14)そして、通俗化したアンダークラス概念が社会に広がり、貧困者に敵対的な対貧困政策および福祉制度「改革」へと方向づけられていったのだという。こうしたアメリカの経緯をみていくと、それを論じる者の主張やスタンスがなんであれ、アンダークラスという言葉は貧困者に対してネガティブにはたらく政治的効果を生む可能性が高い。(15)

5　〈貧困の文化〉か、〈社会的孤立〉か

ただし、アンダークラスという概念を使用する／しないにかかわらず、なぜ特定の人々が貧困に陥りやすいのか、なぜ貧困は世代的に再生産されるのか、という問いは、社会的再生産の一端を明らかにすることを目的とする本書にとって極めて重要である。前述の論争のなかでウィルソンがアンダークラス概念の有用性を訴えたのは、そうした人々の現実を捉えるための必要性からだった。(16)したがって、本書で描いてきたことから、その点について何がいえるのかについては考察しなけれ

ばならないだろう。

〈ヤンチャな子ら〉という集団に内包された二つの層が完全に統合されずに、中退／卒業後も分断された状態のままになっていたのはなぜだろうか。一つのありうる解釈は、その二つの層の違いを文化的な要素によって説明しようとするものである。これまで労働者階級や貧困層の生活を分析した多くの研究が、そうした観点からの解釈を試みてきた。そもそも私の調査の起点の一つとなり、本書でも何度も引用しているウィリスの研究がそのような視点に立った研究だし、後続の貧困研究に多大な影響を与えたオスカー・ルイスの『貧困の文化』もその代表例といえるだろう。[17]そして、これらの研究をふまえた二〇〇〇年代以降の貧困層に焦点を当てた日本の研究にも、そうした解釈は多数みられる。

例えば本書で繰り返し引用してきた西田は、「貧困・生活不安定層」の若者たちの「自然な移り行き」を描く際に「貧困の文化」をどう描くかを苦心したと記していることから明らかなように、[18]「貧困・生活不安定層」の若者に特有の移行パターンについて文化的な観点からの分析を試みているといえるだろう。また、一九八九年から九二年と二〇〇七年から一一年の二時点でおこなわれた「低所得者集住地域の実態調査」を総括した長谷川[19]は、奥村隆が提案した人々の「生活様式」の五つのパターン（①伝統的服従型、②中産階級型、③私生活主義型、④伝統的プロレタリア型、⑤貧困の文化[20]）を参照しながら、一九八九年から九二年時点では学校社会での成功に向けた子育てがみられたことから「②中産階級型」に近似していたのに対して、二〇〇七年から一一年時点では「⑤貧困の文化」に多少とも類似したパターンへと変化してきているのではないかと指摘し、「「貧困の文化」

類似型とでもいうべき生活様式が、生活困難を抱えた層の間にみられるようになったのではないか」(21)という見立てを提示している。

このように、現代日本の貧困層を対象にした研究でも、そうした人々の生活様式や行為の特性に注目し、それを文化的な観点から解釈するものは数多い。私自身もこの調査を始めた頃の見立ては、ウィリスの『ハマータウンの野郎ども』を念頭に置いていたことから明らかなように、貧困層に特有の考え方や生活様式、すなわち「文化」があるのではないかと考えていた。

では、実際に調査をした結果明らかになった〈ヤンチャな子ら〉に内包された二つの移行パターンの違いを、このような文化的な違いから説明することはできるだろうか。結論からいえば、私は、そうした解釈はあまり適切ではないと考えている。むしろ、文化よりも社会関係という観点から解釈したほうがいいのではないかと提案したい。

まず、何よりも〈ヤンチャな子ら〉はある部分では統合された集団だったという点が、二つの層の差異を文化的な違いから説明することに疑問を突き付ける。〈ヤンチャな子ら〉は外見などのスタイルをある程度共有していて、若者文化という次元では統合されている。また、理想とする「男らしさ」が「攻撃性」から「大黒柱」へと再定義されていく過程から、ジェンダー規範を共有していることも確認できた。むしろ、ダイやコウジ、ヒロキが困難に直面したときのことを振り返ると、貧困を背景にした「転校」をきっかけにしていじめられたこと、中退／卒業後の職業生活が仕事を紹介してくれる社会関係の有無に左右されていたこと、転職の際に家族との関係が良好でないために職選びをする十分な時間を確保できずにいたこと、などに表れているように、パターンの違いの発生には文化的な次元よりも社会関係の次元が大きく関わっていたように思える。

それを整理するために有用な概念が、ウィルソンの〈社会的孤立〉である。既に述べたように、ウィルソンはアンダークラス概念を用いて、アメリカの脱工業化を背景に大きな変化を遂げたゲットーの社会的・経済的構造、そこに生きる人々の文化的特性、そして両者の相互作用を説明しようとした。[22]アンダークラスを分析概念へと鍛え上げようとする試みは意図したとおりにはならなかったものの、このウィルソンの著書には、現代のゲットーが置かれた状況や貧困を理解するうえで重要な示唆が多数含まれている。その一つが、〈社会的孤立〉という概念である。

ウィルソンは、ニューヨーク、シカゴ、ロサンゼルス、フィラデルフィアの五大都市の人口構成の統計を分析し、一九七〇年代から八〇年代にかけて貧困層が多く住むインナーシティでの貧困層の比率が総人口に占める割合に比べて格段に増加していることを明らかにした。「黒人中産階級や黒人労働者階級がそこに住まなくなった結果、階級・階層構造が変化して、本当に不利な人々の割合が多くなった[23]」のである。それで何が変化したのか。ウィルソンの解釈はこうである。たとえインナーシティで最も不利な立場に置かれた人々が長期の失業に苦しんでいても、経済的に安定した人々が家族とともに同じインナーシティに住んでいれば、そうした人々が支えることで地域の基本的な施設（教会や学校、商店、娯楽施設など＝〈社会的緩衝装置〉）は有効に機能するだろう。また、これらの家族がアメリカ社会で主流をなす考え方や生き方を示すモデルとなり、本当に不利な立場に置かれた人々に対して、教育を受けることが大切である、安定した雇用こそ福祉となる可能性があるなどの考え方についての納得を促すことにもつながるだろう。しかし、現在のインナーシティでは、黒人中産階級や黒人労働者階級が流出したためにこれらの装置が失われ、長期の失業状態にある黒人の割合が極めて高くなっている（＝〈集積効果〉）。その結果、インナーシティに住む人々は、他の地域にはごく普通にある仕事関連の情報のネットワークから切り離され――インナーシティの近くやそのなかにある工場や商業施設の求人情報さえ、住人には流れてこなくなる――、長期的な失業状態にある生活以外のモデルがなくなり、安定した雇用にある人々とは異なる生活様式を身につけることになっていくのである。

このような、インナーシティに本当に不利な人々が集積した地域の生活状況を言い表すための概念が〈社会的孤立〉であり、それは「いったん特定の文化特性が生まれると、それはその後も自動的に存続する性質をもつことを強調[24]」する〈貧困の文化〉とは異なり、「ゲットーの文化と、ゲットーの人々が被る構造的拘束の強さや機会の制限とが密接に結びついていることを示せる[25]」概念だとウィルソンはいう。さらに、ゲットーの文化的特性の変革に焦点を合わせる「貧困の文化」論に対して、〈社会的孤立〉は、「ゲットーに住む人々が受けている社会構造的制約を弱めることに焦点を合わせるべきだ[26]」という政策上の示唆を有するものになっている。

もちろん、アメリカのインナーシティで暮らす人々と、本書に登場してきた〈ヤンチャな子ら〉を単純に重ねることはできない。しかしながら、このウィルソンの議論は、本書で見いだされた知見を考察するうえで重要な補助線を提供しているように思える。なぜなら、これまで繰り返し述べてきたように、〈ヤンチャな子ら〉のなかでもより厳しい状況で暮らしていた三人の困難は、地域や学校、家族で安定した社会関係を築けていないことに起因していたからである。

確かに日本の場合、アメリカのインナーシティのように物理的に切り離された空間として〈社会的孤立〉が成立しているとは考えにくいのかもしれない。むしろ、社会経済的に厳しい地域に関する研究において、地域的ネットワークの強固さが強調されていることを考えれば[27]、アメリカとは違って、社会経済的に厳しい状況に置かれた地域でもまだ、職に関する情報がネットワークを通じて流通していると考えたほうがいいだろう。

これらのことをふまえれば、本書で描き出されたのは、空間的に住み分けられているわけではないものの、長年その地域で暮らしてそうしたネットワークのなかに包摂されている人々と、そのネットワークから排除された人々の間にある「社会的亀裂」だったといえるのではないか。そして、そうした「社会的亀裂」が生じているにもかかわらず、若者文化の観点から何を良しとするかという「スタイル」や、「大黒柱」の原理を重視する男らしさというジェンダー規範を共有しているだけに、そこから排除された人々の「相対的剝奪感」は計り知れないものであるだろうと考えられる[28]。

6　社会関係の編み直しに向けて

本書の知見は、実践的・政策的にどのような示唆を有するのか。最後に本書の知見をふまえて、①家族に対する支援、②学校での支援、③学校とは異なるアクターによる支援、という順に得られる示唆を論じていきたい。

家族に対する支援への示唆

〈ヤンチャな子ら〉の内部にある「社会的亀裂」が生じた起点が生育家族にあったことをふまえれば、まずは家族に対する支援が重要になることはいうまでもない。とりわけ、ダイ、コウジ、ヒロキは、第4章でみたように、二〇〇〇年代の日本で起きていることなのかと疑いたくなるほどに悲惨な環境で育ってきた。彼らは、経済的・物理的な資源が失われたなかで、家族との関係も悪化して家にいられる状況ではなくなっていた。しかも、〈ヤンチャな子ら〉のなかで最も過酷な状況で育ってきたとされていたヒロキの家庭は、生活保護を受けてさえいなかった。これらのことを考えれば、まず、生活保護の受給漏れをなくす、生活保護の受給額を上げる、といった経済的・物理的な基盤を確実に家族に保障する制度設計が必要だろう。基本的ではあるが、現時点ではそれさえ十分に整っているとは言い難く、このことは明言しておかなければならない。

そのうえで本書の知見を家族支援の文脈に生かすとすれば、家族の語りの流動性・相対性・多元性に着目した第4章の議論が、家族と福祉制度とを結び付けるための手がかりとなりうる。

これまで「子ども・若者の貧困」に関する先行研究は、機能的次元に焦点を当て、貧困家族に生きる子ども・若者の生活上の困難を指摘し、そうした困難を克服するための支援策の必要性を訴えてきた。(29) その訴えの背後には、機能的な支援策があれば、当事者たちは当然それを利用するという想定があったように考えられる。しかし、第4章の知見をふまえれば、当事者にとって「貧困家族であること」は流動的・相対的・多元的であるために、第三者からみれば生活上の困難を抱えた

「逸脱的な家族」であったとしても、自らの家族を「正常な家族」として成し遂げる可能性は常に残されている。さらに、私が彼らの家族を「逸脱的な家族」として記述した際に当事者たちに反論されたことに示されるように、第三者が「逸脱的な家族」と記述すること（＝支援者が被支援者に対して支援の必要性を訴えること）は、当事者たちの「正常な家族」を成し遂げる実践を促進させてしまう可能性がある。つまり、支援策を用意するだけでは不十分で、「記述のポリティクス」を超えて当事者たちに支援が届くようにするためにはどのようにすればいいのかを考えなくてはならないということだ。

その際、私は家族の経験が多元的であるということが手がかりになると考えている。ダイは「ケアを提供しない」母親が「気遣ってくれていること」に着目し、同居に値する「家族であること」を成し遂げていた。このダイの事例は、家族の成員がケアを提供していなくても、当事者たちが「家族であること」を成し遂げる可能性があることを示している。松木洋人は、子育て支援をおこなう者が、「子どもへのケア提供は引き受けるが「親であること」は引き受けないという実践」をしていることを実証的に明らかにし、そのことが、家族にとって、子どもへのケア提供は外部化するが「親であること」は放棄しないという実践を可能にしていると指摘した[30]。それに対して本書の第4章の知見は家族の成員がまさに「ケアを提供すること」と「気遣うこと」を区別し、後者によってかろうじて「家族であること」を成し遂げていることを示すものである。そうであるとするならば、その多元性に着目して、当事者たちの「家族であること」を担保しながら[31]、家族以外の者がケアを提供していくこと、言い換えれば、当事者たちに支援が届くようにしていくことは可能だろう。[32]

学校での支援への示唆

家族の関係が流動的・相対的・多元的であると述べたが、そのことは、〈ヤンチャな子ら〉と教師の関係性についても同様である。第2章で描いたように、〈ヤンチャな子ら〉と教師の関係は、ときに対立的であるものの、それだけにおさまるものではなかった。教師は〈ヤンチャな子ら〉の発言を流用して教育活動を成り立たせていて、その意味で、〈ヤンチャな子ら〉の発言は教師にとって教育活動に必要な資源でもあった。また、〈ヤンチャな子ら〉は、教師から教育活動にとどまらないケアを受けた経験をふまえて、教師たちを肯定的に評価していた。中村瑛仁は中学校の教員へのインタビューから、二つの教員役割、すなわち、生徒たちとの信頼関係を通じて家庭に困難を抱える生徒を学校に包摂する教員役割と、生徒全体に対して社会性を身につけさせて学校秩序を形成・維持する教員役割を見いだし、それぞれ〈つながる教員〉と〈しつける教員〉と呼んだ。[33]これらの言葉を使って整理すれば、X高校の教師たちは、状況に応じて〈しつける教員〉と〈つながる教員〉を使い分け、〈ヤンチャな子ら〉と接していたということができる。

このような〈ヤンチャな子ら〉と教師との関係は、同和教育の伝統があるX高校だからこそのものである一方で、そもそも学校の教師たちを、フォーマルな学校の論理を生徒に対して一方的に押し付ける存在として位置づけることは単純にすぎる。例えば、不登校経験者が多数入学してくる東京都の高等専修学校でフィールドワーク調査をおこなった伊藤秀樹の研究では、学校内外で生じる生徒たちの様々なトラブルに対処しながら、生徒たちを卒業まで導こうとする実践が描かれている[34]。つまり教師たちはフォーマルな学校の論理と実際に通ってくる生徒たちの実態の双方を常に視野に入れて、両者を調整しながら日々の教育実践をおこなっているのである。そして、そのことを生徒たちは認識していて、だからこそ、教師たちを信頼したり肯定的に評価したりしているのである。

このように考えれば、教師たちが状況に応じて複数の教員役割を使い分けて生徒たちを学校という一つの社会制度につなぎ止めていることの意義は大きい。ところが、近年、教師たちは、複数の役割を使い分けることが難しい状況に置かれるようになってきた。例えば吉田美穂は、教育困難校でおこなわれる生徒指導を分析し、アカウンタビリティが高まった二〇〇〇年代の状況のなかで、教師たちは、「ぶつからず」「説明しやすい」ことを重視し、欠課時数などの数値で一律に生徒の進級や卒業、原級留置を決めるようになったという[35]。このような吉田の研究からわかることは、アカウンタビリティの高まりを背景にした、どのような生徒に対しても一律に接するという形式的平等主義の広まりである。おそらくアカウンタビリティの高まりだけでなく、多忙化などの複数の要因が重なっていると思われるが、そのような状況に置かれて、教師たちが複数の役割を使い分けることが困難になっている。そうなると、少なくとも次の二点で問題が生じるだろう。

第一に、〈ヤンチャな子ら〉がそうだったように、状況に応じて教師たちが複数の役割を使い分けているからこそ学校につなぎ止められている生徒たちが、学校から排除される可能性が高まる。第二に、教師は、子ども・若者の生活上の困難を発見する重要な役割も担っているが、教師─生徒の信頼関係が築かれていなければ、その困難を発見することも難しくなる。近年、「チーム学校」というかけ声のもとで、学校がスクール・ソーシャル・ワーカーなどの多様な専門家と連携する重要性が説かれているが、その中心に学校が置かれているのは、学校が子どもの困難を発見しやすい場になっているからである。様々な専門家が学校に参入してくることは次に述べるように非常に重要だが、それと同時に、子どもたちが自分の困難を語りたい／語れると思えるような信頼関係を、日々子どもたちと接している教師たちが築くことは依然として重要である。このような問題を生じさせないためにも、教師たちが子どもと向き合う・語り合う時間を確保できるような制度設計が求められる。

さらに言えば、学校は生徒同士が関係を築く場でもある。そもそも、学校の外部の力学によって生じている〈ヤンチャな子ら〉の人間関係を、学校の内部で再編成することができていないからこそ、本書で論じてきた「社会的亀裂」の問題は生じていた、と考えることもできるだろう。言い換えれば、本書で得られた知見は、学校という場が、学校の外部にある関係性の不平等を再生産してしまっている可能性を示唆するものなのである。このような観点からすれば、学校が、そうした関係性の不平等をいかに再生産することなく再編成していけるかが鍵になるが、こうした観点からしても、やはり教師が子どもと向き合う・語り合う時間を確保することが重要になる。なぜなら、学校内の人間関係を再編成できるかどうかは、教師がどれだけ学校内の人間関係を把握できているかに依存するからである。

もちろん、教師が子ども・若者の生活上の困難を発見する、学校内の人間関係を再編成する、といったことは、教師に時間的余裕があれば自動的に可能になるものではない。その他にも、そうした機能を実装するための仕組みは必要だろう。しかし、教師の時間的余裕は、その十分条件とは言わないまでも、必要条件であるように思われるのである。

学校以外のアクターによる支援

加えて、学校がその他の専門家や外部機関と連携していくこと、そして、学校以外にも子ども・若者が安心していられる居場所や子ども・若者の困難を発見できる場を増やしていくことが重要だ。前述したように、現在、「チーム学校」というかけ声のもとで、学校が多様な専門家と連携していくことの重要性が説かれている。実際、生徒が教師との信頼関係を築いていたとしても、それだけでは対応が困難なケースは多数あるだろう。第2章で「世話してもらったのに、逃げたやん。自分が」と反省していたコウジのように、教師への信頼が場合によっては学校へ通うことの障壁になるケースは、その具体例である。このような状況に陥った際に、生徒と教師の関係を調整する役割を担った専門家がいれば、コウジは中退せずにすんだのかもしれない。また、第4章で紹介したが、ヒロキは高校二年の途中から、母親と世帯分離し、生活保護を受けて一人暮らしを始めた。これはX高校の教師たちが積極的にはたらきかけた成果でもあるが、X高校の校長によれば、ヒロキが保護観察中で、学校と保護観察官、区役所などの他機関と連携しやすい状況にあったことが大きいという。逆にいえば、ヒロキが保護観察中でなく学校が他機関と連携困難な状況にあったならば、ヒロキは学校を中退していた可能性が高い。このように、本書の事例に限ってみても学校が多様な専門家や機関と連携していくことの意義は明確である。

同時に、学校以外に、子ども・若者が安心していられる居場所や彼ら彼女らが抱える困難を発見できる場を増やしていくことも重要である。〈ヤンチャな子ら〉は、仕事を辞めたときや困難に出くわしたとき、X高校の教師たちに会いにくることがあった。それはX高校と彼らの信頼関係の強さを示すものでもあるが、その一方で〈ヤンチャな子ら〉にとって学校以外にそのような悩みを相談できる場がないことを意味している。

「子ども・若者の貧困」が社会問題化し、学習支援事業や「子ども食堂」などの取り組みが各地で広がってきた。とりわけ、近年の「子ども食堂」の増加は著しい。湯浅誠らがおこなった調査によれば、全国の「子ども食堂」の数は、二〇一六年度に三百十九カ所だったが、一七年度には二千二百八十六カ所に急激に増加していて、年間で延べ百万人以上が利用していることになるという[36]。「子どもが一人でも安心して来られる無料または低額の食堂」を理念として、一二年に近藤博子さんが東京都大田区で始めた「子ども食堂」[37]。それがここ数年で全国各地に広がっているのである。また、主に生活困窮世帯の子どもに対する自治体による学習支援事業も各地でおこなわれている。さいたまユースサポートネットが一六年度におこなった調査によれば、福祉事務所を設置している自治体では、一六年度時点ですでに四八・七パーセントが学習支援事業を実施していて、七・二パーセントが一七年度に実施予定としていると回答したという[38]。そして、そうした取り組みを紹介する文献も出版されるようになってきた[39]。こうした取り組みは、私が調査を始めた〇〇年代後半にはほとんどおこなわれておらず、この十年の間に「子ども・若者の貧困」に関する取り組みは明らかに広がっている。今後、そのような場をより一層増やしていく必要があることは間違いない。ただし、その際、次の二点について注意しておかなければならないだろう。

第一に、本書に登場した若者たちが「学習支援」を中心に支援する場に足を運ぶとは考えにくい。そのように考えれば、メディア・ストリート空間で生成される若者文化を締め出すのではなく、それを利用したユースワークなどの活動を広げていかなければならないだろう(40)。

第二に、ボランタリーな組織に「子ども・若者の貧困」に対する対策を任せて、国家・政府が社会支出を削減していく事態を避けなければならない。現在、「子ども・若者の貧困」に対応する「子ども食堂」や学習支援の現場では、運営資金が恒常的に不足し、スタッフの献身によって支えられている部分が大きい。また、助成金を得て運営されている組織であっても、その財源は期限付きであることが多い。実際、先の調査では、自治体がおこなっている学習支援の現場でさえ、今後の課題として「人員」や「財源」の確保を挙げている自治体の割合が高かった(41)。さらにいえば、期限付きの助成金などは、まず得るために申請書を書き、最終的な成果として報告書を書かなければならないというように、膨大な時間と労力がかかる事務的な手続きが必要だ。そのため、事業そのものというよりも、財源を確保するための申請書や報告書を書くことに疲弊している組織も少なくない。そうした状況を改善して活動を安定化させるために、国家・政府がきちんと社会支出をして、それらの活動の恒常性を保証していく必要がある(42)。

結語

本書では、現代版のヤンキーともいいうる存在である〈ヤンチャな子ら〉が、高校を中退／卒業して仕事に就くまでの過程を描き出すことを通じて、現代日本での社会的再生産の一端を明らかにしてきた。その成果を一言でいうとすれば、社会関係の次元に着目することの重要性の発見だったということができる。

最後に付け加えておくべきことがあるとするなら、本書で描き出してきた〈ヤンチャな子ら〉が抱える問題は、私たちの問題でもある、ということだろう。生活保護の受給漏れをなくすこと、受給額を引き上げること、「家族であること」の様々な実践を承認しながらケアを提供すること、教師と子どもが信頼関係を築ける環境を用意すること、学校以外の多様なアクターへの社会支出を保証すること、といった本書の最後に述べた政策的・実践的な提案は、すべて社会的な合意があってはじめて実現することである。逆にいえば、本書で描いてきた〈ヤンチャな子ら〉の生活のなかで生じていた様々な困難や問題は、私たちがそのような社会的合意を形成できていない帰結として生じているということだ。

確かに、十年前よりも「子ども・若者の貧困」は広く知られるようになり、自治体の学習支援や「子ども食堂」といった取り組みも増えてきている。しかしながら、その一方で、排外主義的な言説と呼応するように、生活保護受給者に対する攻撃は後を絶たない。そうした言説の後押しもあって、二〇一八年度から生活保護費の「生活扶助費」が引き下げられた。このような状況から、日本社会を形容する言葉は、「格差」から「分断」へとシフトしつつある。

本書の冒頭で述べたように、これまでもヤンキーについては様々に語られ、論じられてきた。ジャーナリズムで暴走族が話題になるとその担い手として描かれ、学歴社会が問題視されれば「落ちこぼれ」として論じられ、「子ども・若者の貧困」が社会問題となればその渦中を生きる存在として光が当てられる。その意味でいえば、「ヤンキー」とは、その言葉が生み出された当初から、私たちの社会を映す鏡のような存在だったといえるだろう。

だからこそ、ヤンキー論は、ヤンキーについて論じているはずが、いつのまにか「自分語り」にスライドして、ヤンキーと呼ばれる人々のリアリティを捉え損ねてしまいがちである。しかも、それによって彼ら彼女らを他者化・悪魔化してしまうという危険性を常に抱えている。実際、インターネット上には、彼ら彼女らを「ＤＱＮ」と呼んで、嘲笑・攻撃・侮蔑する語りがあふれている。しかし、それほど社会が饒舌に語るヤンキーについてだからこそ、彼ら彼女らのリアリティをきちんと描き出すことができれば、それは「その立場にいたら自分もそういう行動をしたかもしれない、そういう選択をしたかもしれない」という、人々の他者への想像力をかき立てることもできるはずだ。つまり、ヤンキーについて論じることは、他者への想像力を切断して社会の分断を促してしまうことにも、反対に他者への想像力を喚起して社会の統合に資することにもつながりうるのだ。本書が、少しでも誰かの他者への想像力を喚起することになれば、それほどうれしいことはない。

(1) 前掲『暴走族のエスノグラフィー』、前掲『排除する社会・排除に抗する学校』

(2) 磯部涼『ルポ 川崎』サイゾー、二〇一七年、石井光太『43回の殺意――川崎中1男子生徒殺害事件の深層』双葉社、二〇一七年

(3) 前掲『ルポ 川崎』八〇ページ

(4) 本書一三五ページ

(5) ポスカとは三菱鉛筆から売り出されている水性ペンで、様々な材質に書くことができることを売りにしている。中・高生に人気がある。

(6) 前掲『排除する社会・排除に抗する学校』六ページ

(7) 同書一〇四ページ

(8) 橋本健二『新・日本の階級社会』(講談社現代新書)、講談社、二〇一八年、七五ページ

(9) 同書七七ページ

(10) Pierre Bourdieu, *Raisons pratiques: sur la théorie de l'action*, Editions du Seuil, 1994.(ピエール・ブルデュー『実践理性――行動の理論について』加藤晴久/石井洋二郎/三浦信孝/安田尚訳〔Bourdieu library〕、藤原書店、二〇〇七年、二七―三四ページ)

(11) 同書三〇ページ

(12) 前掲『貧困をどのように捉えるか』

(13) William J. Wilson, *The Truly Disadvantaged: The Inner City, the Underclass, and Public Policy*, University of Chicago Press, 1987.(ウィリアム・ジュリアス・ウィルソン『アメリカのアンダーク

ラス――本当に不利な立場に置かれた人々』青木秀男監訳、平川茂／牛草英晴訳〔明石ライブラリー〕、明石書店、一九九九年）
（14）前掲『貧困をどのように捉えるか』二八八ページ
（15）その後、ウィルソンは、アンダークラス概念の倫理的な危険性を認め、〈ゲットーの貧困者〉という語に代えている（青木秀男「監訳者解説」、前掲『アメリカのアンダークラス』所収、三二三ページ）。ちなみに、アメリカとイギリスでの「アンダークラス」論争については、以下の論文に詳しい。川野英二「ポスト・アンダークラスの貧困論に向けて――概念の受容と使用のプラグマティック社会学」、ソシオロジ編集委員会編「ソシオロジ」第六十三巻第一号、社会学研究会、二〇一八年
（16）Wilson, *op.cit.*（前掲『アメリカのアンダークラス』二七ページ）
（17）Willis, *op.cit.*（前掲『ハマータウンの野郎ども』）, Oscar Lewis, *Five Families: Mexican Case Studies in the Culture of Poverty*, Basic Books 1959.（オスカー・ルイス『貧困の文化――メキシコの〈五つの家族〉』高山智博／染谷臣道／宮本勝訳〔ちくま学芸文庫〕、筑摩書房、二〇〇三年）
（18）前掲『排除する社会・排除に抗する学校』一一八―一二〇ページ
（19）長谷川裕編著『格差社会における家族の生活・子育て・教育と新たな困難――低所得者集住地域の実態調査から』旬報社、二〇一四年
（20）奥村隆「階級社会の再生産における「文化」のふたつの様態――「生活世界の再生産」の視座から」、庄司興吉編『再生産と自己変革――新しい社会理論のために』（叢書・現代の社会科学）所収、法政大学出版局、一九九四年
（21）前掲『格差社会における家族の生活・子育て・教育と新たな困難』三八七ページ
（22）Wilson, *op.cit.*（前掲『アメリカのアンダークラス』四六ページ）

(23) *Ibid.*（同書九九ページ）
(24) *Ibid.*（同書二二九ページ）
(25) *Ibid.*（同書二二九ページ）
(26) *Ibid.*（同書一〇九ページ）
(27) 例えば被差別部落のムラネットワークに注目して若者が非正規雇用になっていく要因や過程を分析した内田龍史は、「ムラネットワークは、階層的不平等の再生産に寄与する可能性を持つ、という限界を抱えながらも、不利な立場におかれた彼／彼女らが「何とかやっていく」ための資源となっている」と指摘している（内田龍史「強い紐帯の弱さと強さ――フリーターと部落のネットワーク」、前掲『排除される若者たち』所収、一九八ページ）。
(28) 第5章で描いたように、ダイは生活保護受給世帯から抜け出すことを目指して高校を卒業し就職したものの、数カ月後には、その仕事を辞めて親の世帯に戻った。その後、当時付き合っていた彼女から「生活保護受けてる人とか無理」「情けない」などと言われ、精神病を患って療養中だったにもかかわらず、その「働けプレッシャー」から仕事を探した。こうした経緯から、失業中にあってもなお／あるからこそ、彼らは「大黒柱」という男性規範と常に向き合うことを求められていることがわかる。
(29) 前掲『子どもの貧困――日本の不公平を考える』
(30) 前掲『子育て支援の社会学』二四〇ページ
(31) 誤解のないように付け加えておくと、私は家族が人々のアイデンティティ欲求の対象であるべきだと主張しているわけではない。当事者にとって家族がアイデンティティ欲求の対象になっているという現実に目を向けなければならないことを強調したいのである。確かにアイデンティティ欲求の対象が家族に向けられていることを問題化し、家族からの解放・離脱を説く道もありうるだろう。しかし、その場合でも、当事者たちの「家族であること」のリアリティを理解していくことは重要な作業になるにちがいない。なぜなら、そうした作業によってこそ、家族からの解放・離脱に向けて当事者たちを説得する際の緒を見いだすことができるからである。

(32) 上間は、「家族の困難を抱えた子がそれを抱えたまま自分も家族をつくり、親や子どもと生きようとする」不可解さを、風俗業界で働く女性、十八歳までに出産を経験した女性に話を聞き、考察している(上間陽子「家族をつくる——沖縄のふたつの女性の調査から」「現代思想」二〇一七年十一月号、青土社、一一三ページ)。そのなかで上間は、彼女らがそのようにして家族をつくっていくのは、近代家族イデオロギーやジェンダー規範、階層文化といった要素だけでは説明できないとして、その根底にある依存関係に着目し、エヴァ・フェダー・キテイの議論を参照しながら、「ドゥーリア」そのものを考えていかなければならないと結論づけている(Eva Feder Kittay, *Love's Labor: Essays on Women, Equality and Dependency*, Routledge, 1999.〔エヴァ・フェダー・キテイ『愛の労働あるいは依存とケアの正義論』岡野八代/牟田和恵監訳、白澤社、二〇一〇年〕)。ドゥーリアとは、依存者をケアする者をケアするシステムを考えるための概念だ。当事者たちの「家族であること」を担保しながら、家族以外のケアを提供していくという本書の提案は、このドゥーリアに連なる一つの提案とも考えられる。

(33) 中村瑛仁「教員集団内における教職アイデンティティの確保戦略——アイデンティティ・ワークの視点から」、日本教育社会学会編集委員会編「教育社会学研究」第九十六集、東洋館出版社、二〇一五年

(34) 伊藤秀樹『高等専修学校における適応と進路——後期中等教育のセーフティネット』東信堂、二〇

一七年
(35)吉田美穂「「お世話モード」と「ぶつからない」統制システム――アカウンタビリティを背景とした「教育困難校」の生徒指導」、日本教育社会学会編集委員会編「教育社会学研究」第八十一集、東洋館出版社、二〇〇七年
(36)湯浅誠「子ども食堂2,200箇所超える 2年で7倍以上 利用する子どもは年間延べ100万人超」「1ミリでも進める子どもの貧困対策」(https://news.yahoo.co.jp/byline/yuasamakoto/20180403-00082530/)［二〇一八年七月二日アクセス］
(37)湯浅誠「名づけ親が言う「こども食堂」は「こどもの食堂」ではない」「1ミリでも進める子どもの貧困対策」(https://news.yahoo.co.jp/byline/yuasamakoto/20160724-00060184/)［二〇一八年七月二日アクセス］
(38)さいたまユースサポートネット『子どもの学習支援事業の効果的な異分野連携と事業の効果検証に関する調査研究事業報告書』さいたまユースサポートネット、二〇一七年
(39)末冨芳編著『子どもの貧困対策と教育支援――より良い政策・連携・協働のために』明石書店、二〇一七年、前掲『子どもの貧困・不利・困難を越える学校』
(40)ユースワークについては、以下の文献が詳しい。田中治彦『ユースワーク・青少年教育の歴史』東洋館出版社、二〇一五年
(41)前掲『子どもの学習支援事業の効果的な異分野連携と事業の効果検証に関する調査研究事業報告書』二一ページ
(42)仁平典宏は、規制緩和や社会支出の削減を通して市場の論理を広げていく新自由主義的な動きと市民社会組織の活発化が共振する危険性を説くなかで、市民社会の活性化を、国の社会支出の条件にし

ないことの重要性を指摘している（仁平典宏「政治変容――新自由主義と市民社会」、坂本治也編『市民社会論――理論と実証の最前線』所収、法律文化社、二〇一七年）。

巻末資料

No.	仮名	同居世帯	離死別の経験	親の職業		親の学歴		生活保護受給経験
				父	母	父	母	
1	ダイ	母・弟	父・離別	建設業	無職			○
2	コウジ	母・姉	父・死別		無職	中卒	高卒	○
3	ヒロキ	母・弟	父・離別		パート		高校中退	○
4	トオル	母・兄・妹	父・離別	職人	風俗店経営			—
5	カズヤ	母・父・弟	—	建設業	飲み屋	高卒	高卒	—
6	中島	母・妹	父・離別	整備士	パート	高卒	高校中退	○
7	中村	母・義父・兄・妹	実父：離別	実父：不明 義父：工場	無職	実父：高校中退 義父：高卒	高校中退	—
8	シュウ	母・父・姉	—	工場の専務				—
9	テル	母・父・兄・姉	—	魚屋	パート			—
10	ユウタ	母・兄・妹	父・離別	トラックの運転手	パート	中卒	中卒	—
11	ヒトシ	母・父・兄	—	薬剤師		大卒		—
12	ヒデ	母・父・妹	—	配送	パート	高卒	高卒	—
13	スグル	母・父・妹	—					—
14	坂田	母・兄	父・離別					—

※高校在籍時の彼らに聞いた情報をもとにまとめている。
※「親の職業」「親の学歴」の空欄は不明。

参考文献

〈書籍・論文〉

阿部彩『子どもの貧困――日本の不公平を考える』(岩波新書)、岩波書店、二〇〇八年

阿部真大『居場所の社会学――生きづらさを超えて』日本経済新聞出版社、二〇一一年

青木紀編『現代日本の「見えない」貧困――生活保護受給母子世帯の現実』(明石ライブラリー)、明石書店、二〇〇三年

青砥恭『ドキュメント高校中退――いま、貧困がうまれる場所』(ちくま新書)、筑摩書房、二〇〇九年

新谷周平「ストリートダンスからフリーターへ――進路選択のプロセスと下位文化の影響力」、日本教育社会学会編集委員会編「教育社会学研究」第七十一集、東洋館出版社、二〇〇二年、一五一―一六九ページ

浅井春夫/松本伊智朗/湯澤直美編『子どもの貧困――子ども時代のしあわせ平等のために』明石書店、二〇〇八年

浅野智彦「物語アイデンティティを越えて?」、上野千鶴子編『脱アイデンティティ』所収、勁草書房、二〇〇五年、七七―一〇一ページ

Beck, Ulrich, *Risikogesellschaft. Auf dem Weg in eine andere Moderne*, Suhrkamp 1986.(ウルリヒ・ベック『危険社会――新しい近代への道』東廉/伊藤美登里訳〔叢書・ウニベルシタス〕、法政大学出版局、一九九八年)

Bourdieu, Pierre, *Esquisse d'une théorie de la pratique: précédé de Trois études d'ethnologie kabyle*,

Librairie Droz, 1972. (Bourdieu Pierre, *Outline of a Theory of Practice*, Richard Nice trans., Cambridge University Press, 1977.)

Bourdieu, Pierre, *La Distinction: Critique sociale du jugement*, Les Editions de Minuit, 1979.（ピエール・ブルデュー『ディスタンクシオン――社会的判断力批判』第一・二巻、石井洋二郎訳、藤原書店、一九九〇年）

Bourdieu, Pierre, *Chose dites*, *Paris*, Les Editions de Minuit, 1987.（ピエール・ブルデュー『構造と実践――ブルデュー自身によるブルデュー』石崎晴己訳〔Bourdieu library〕、藤原書店、一九九一年）

Bourdieu, Pierre, *Les règles de l'art: genèse et structure du champ littéraire*, Éditions Du Seuil, 1992.（ピエール・ブルデュー『芸術の規則』第一・二巻、石井洋二郎訳〔Bourdieu library〕、藤原書店、一九九五・一九九六年）

Bourdieu, Pierre, *Raisons pratiques: sur la théorie de l'action*, Editions du Seuil, 1994.（ピエール・ブルデュー『実践理性――行動の理論について』加藤晴久／石井洋二郎／三浦信孝／安田尚訳〔Bourdieu library〕、藤原書店、二〇〇七年）

Bourdieu, Pierre, *Les structures sociales de l'économie*, Editions du Seuil, 2000.（ピエール・ブルデュー『住宅市場の社会経済学』山田鋭夫／渡辺純子訳〔Bourdieu library〕、藤原書店、二〇〇六年）

部落解放・人権研究所編『排除される若者たち――フリーターと不平等の再生産』解放出版社、二〇〇五年

知念渉「〈ヤンチャな子ら〉の学校経験――学校文化への異化と同化のジレンマのなかで」、日本教育社会学会編集委員会編「教育社会学研究」第九十一集、東洋館出版社、二〇一二年、七三―九四ページ

知念渉「ジェンダーで考える教育の現在　男子高校生の文化――〈ヤンチャ〉と〈インキャラ〉に着目し

て」、部落解放・人権研究所編「ヒューマンライツ」第二百九十五号、解放出版社、二〇一二年、四八―五三ページ

知念渉「貧困を越える学校――関西のX高校の取り組みから」、柏木智子／仲田康一編著『子どもの貧困・不利・困難を越える学校――行政・地域と学校がつながって実現する子ども支援』所収、学事出版、二〇一七年、五一―六一ページ

Connell, R. W., *Masculinities*, 2nd ed, University of California Press, [1995]2005.

團康晃「学校の中の物語作者たち――大学ノートを用いた協同での物語制作を事例に」、日本子ども社会学会紀要編集委員会編「子ども社会研究」第二十号、日本子ども社会学会、二〇一四年、三―一六ページ

Dolby, Nadine, Dimitriadis, Greg eds., *Learning to Labor in New Times*, Routledge, 2004.

江原由美子『女性解放という思想』勁草書房、一九八五年

Fisher, Berenice and Tronto, C. Joan, "Toward a Feminist Theory of Caring," in Abel, Emily K. and Nelson, Margaret, K. eds., *Circles of Care: Work and Identity in Women's Lives*, State University of New York Press, 1990, pp. 35-62.

藤井（南出）吉祥「ネットワーク形成・維持の基盤」、乾彰夫編『高卒5年 どう生き、これからどう生きるのか――若者たちが今〈大人になる〉とは』所収、大月書店、二〇一三年、二二三―二四五ページ

藤田由美子「幼児期における「ジェンダー形成」再考――相互作用場面にみる権力関係の分析より」、日本教育社会学会編集委員会編「教育社会学研究」第七十四集、東洋館出版社、二〇〇四年、三二九―三四八ページ

Furlong, Andy and Cartmel, Fred, *Young People and Social Change*, 2nd ed., Open University, [1997] 2007.

（アンディ・ファーロング／フレッド・カートメル『若者と社会変容――リスク社会を生きる』乾彰夫／西村貴之／平塚眞樹／丸井妙子訳、大月書店、二〇〇九年）
Gubrium, Jaber, F. and Holstein, A. James, *What Is Family?*, Mayfield Publishing Company, 1990.（J・F・グブリアム／J・A・ホルスタイン『家族とは何か――その言説と現実』中河伸俊／湯川純幸／鮎川潤訳、新曜社、一九九七年）
原田曜平『ヤンキー経済――消費の主役・新保守層の正体』（幻冬舎新書）、幻冬舎、二〇一四年
濱口桂一郎『日本の雇用と労働法』（日経文庫）、日本経済新聞出版社、二〇一一年
濱口桂一郎『若者と労働――「入社」の仕組みから解きほぐす』（中公新書ラクレ）、中央公論新社、二〇一三年
長谷川裕「生活困難層の青年の学校「不適応」――彼らはそれをどう体験しているか」、久冨善之編著『豊かさの底辺に生きる――学校システムと弱者の再生産』所収、青木書店、一九九三年、一〇七―一四五ページ
長谷川裕「生徒文化――日本におけるその様態と変容」、堀尾輝久／奥平康照／佐貫浩／久冨善之／田中孝彦編『学校文化という磁場』（「講座学校」第六巻）所収、柏書房、一九九六年、七四―一一六ページ
長谷川裕編著『格差社会における家族の生活・子育て・教育と新たな困難――低所得者集住地域の実態調査から』旬報社、二〇一四年
橋本健二「「格差社会論」から「階級‐社会階層研究」へ」、日本社会学会編「社会学評論」第五十九巻第一号、日本社会学会、二〇〇八年、九四―一一三ページ
橋本健二『新・日本の階級社会』（講談社現代新書）、講談社、二〇一八年

羽田野慶子「〈身体的な男性優位〉神話はなぜ維持されるのか――スポーツ実践とジェンダーの再生産」、日本教育社会学会編集委員会編「教育社会学研究」第七十五集、東洋館出版社、二〇〇四年、一〇五―一二五ページ
林明子「生活保護世帯の子どもの生活と進路選択――ライフストーリーに着目して」、日本教育学会機関誌編集委員会編「教育学研究」第七十九巻第一号、日本教育学会、二〇一二年、一三―二四ページ
林明子『生活保護世帯の子どものライフストーリー――貧困の世代的再生産』勁草書房、二〇一六年
Hebdige, Dick, *Subculture: The Meaning of Style*, Methuen, 1979.（ディック・ヘブディジ『サブカルチャー――スタイルの意味するもの』山口淑子訳、未来社、一九八六年）
樋田大二郎「中・高校生の問題行動に関する研究――生徒文化研究適用による検討」、日本教育社会学会編集委員会編「教育社会学研究」第三十七集、東洋館出版社、一九八二年、一三九―一五〇ページ
平塚眞樹「若者の移行の背景・過程とソーシャル・キャピタル」、乾彰夫／本田由紀／中村高康編『危機のなかの若者たち――教育とキャリアに関する5年間の追跡調査』東京大学出版会、二〇一七年、三三五―三五九ページ
Holstein, James A. and Gubrium, Jaber F., *The Active Interview*, Sage, 1995.（ジェイムズ・ホルスタイン／ジェイバー・グブリアム『アクティヴ・インタビュー――相互行為としての社会調査』山田富秋／兼子一／倉石一郎／矢原隆行訳、せりか書房、二〇〇四年）
本田由紀『若者と仕事――「学校経由の就職」を超えて』東京大学出版会、二〇〇五年
本田由紀編『若者の労働と生活世界――彼らはどんな現実を生きているか』大月書店、二〇〇七年
穂坂明徳「高校生の逸脱と生徒文化」、日本教育社会学会編集委員会編「教育社会学研究」第三十九集、東洋館出版社、一九八四年、七七―九一ページ

Howson, Richard, *Challenging Hegemonic Masculinity*, Routledge, 2006.
五十嵐太郎編著『ヤンキー文化論序説』河出書房新社、二〇〇九年
飯田豊「巷の「ヤンキー語り」を超えて、「ヤンキー人類学」はいかに可能か？」、斎藤環／都築響一／椹木野衣／増田聡／飯田豊／石岡良治／卯城竜太／櫛野展正／津口在五、鞆の津ミュージアム監修『ヤンキー人類学——突破者たちの「アート」と表現』所収、フィルムアート社、二〇一四年、一五二—一六四ページ
稲垣恭子「クラスルームと教師」、柴野昌山／竹内洋／菊池城司編『教育社会学』（有斐閣ブックス）所収、有斐閣、一九九二年、九一—一〇七ページ
Ingram, Nicola, "Working-class boys, educational success and the misrecognition of working-class culture," *British Journal of Sociology of Education*, 30(4), 2009, pp. 421-434.
乾彰夫『〈学校から仕事へ〉の変容と若者たち——個人化・アイデンティティ・コミュニティ』（Aoki教育library）、青木書店、二〇一〇年
乾彰夫編、東京都立大学「高卒者の進路動向に関する調査」グループ『18歳の今を生きぬく——高卒1年目の選択』（Aoki教育library）、青木書店、二〇〇六年
乾彰夫編『高卒5年 どう生き、これからどう生きるのか——若者たちが今〈大人になる〉とは』大月書店、二〇一三年
伊佐夏実「公立中学校における「現場の教授学」——学校区の階層的背景に着目して」、日本教育社会学会編集委員会編「教育社会学研究」第八十六集、東洋館出版社、二〇一〇年、一七九—一九九ページ
石田賢示「若年労働市場における社会ネットワークと制度的連結の影響——社会ネットワークによるスクリーニング機能」、東北社会学会編「社会学年報」第四十号、東北社会学会年報編集委員会、二〇一

一年、六三―七三ページ
石岡丈昇『ローカルボクサーと貧困世界――マニラのボクシングジムにみる身体文化』世界思想社、二〇一二年
石井光太『43回の殺意――川崎中1男子生徒殺害事件の深層』双葉社、二〇一七年
磯部涼『ルポ 川崎』サイゾー、二〇一七年
伊藤秀樹『高等専修学校における適応と進路――後期中等教育のセーフティネット』東信堂、二〇一七年
岩田美香「少年非行からみた子どもの貧困と学校――見守り役としての学校」、浅井春夫／松本伊智朗／湯澤直美編『子どもの貧困――子ども時代のしあわせ平等のために』明石書店、二〇〇八年、一五四―一七〇ページ
岩木秀夫／耳塚寛明「高校生」、岩木秀夫／耳塚寛明編『高校生――学校格差の中で』（「現代のエスプリ」第百九十五巻）所収、至文堂、一九八三年、五―二四ページ
Jones, Gill, *Youth*, Polity Press, 2009.
苅谷剛彦『学校・職業・選抜の社会学――高卒就職の日本的メカニズム』東京大学出版会、一九九一年
苅谷剛彦『大衆教育社会のゆくえ――学歴主義と平等神話の戦後史』（中公新書）、中央公論社、一九九五年
苅谷剛彦『階層化日本と教育危機――不平等再生産から意欲格差社会へ』有信堂高文社、二〇〇一年
柏木智子／仲田康一編著『子どもの貧困・不利・困難を越える学校――行政・地域と学校がつながって実現する子ども支援』所収、学事出版、二〇一七年
片田孫朝日『男子の権力』（「変容する親密圏／公共圏」第十巻）、京都大学学術出版会、二〇一四年
片山悠樹「高校中退者の移行」、乾彰夫／本田由紀／中村高康編『危機のなかの若者たち――教育とキャ

リアに関する5年間の追跡調査』所収、東京大学出版会、二〇一七年、一〇五―一〇六ページ
川口遼「R・W・コンネルの男性性理論の批判的検討――ジェンダー構造の多元性に配慮した男性性のヘゲモニー闘争の分析へ」、一橋社会科学編集委員会編「一橋社会科学」第六巻、一橋大学大学院社会学研究科、二〇一四年、六五―七八ページ
川野英二「ポスト・アンダークラスの貧困論に向けて――概念の受容と使用のプラグマティック社会学」、ソシオロジ編集委員会編「ソシオロジ」第六十三巻第一号、社会学研究会、二〇一八年、五九―六七ページ
木戸口正宏「「大人になること」について」、乾彰夫編『高卒5年 どう生き、これからどう生きるのか――若者たちが今〈大人になる〉とは』所収、大月書店、二〇一三年、三七―七一ページ
木戸功『概念としての家族――家族社会学のニッチと構築主義』新泉社、二〇一〇年
城所章子／酒井朗「夜間定時制高校生の自己の再定義過程に関する質的研究――「編成資源」を手がかりに」、日本教育社会学会編集委員会編「教育社会学研究」第七十八集、東洋館出版社、二〇〇六年、二一三―二三三ページ
Kittay, Eva Feder, *Love's Labor: Essays on Women, Equality and Dependency*, Routledge, 1999.（エヴァ・フェダー・キテイ『愛の労働あるいは依存とケアの正義論』岡野八代／牟田和恵監訳、白澤社、二〇一〇年）
小泉潤二「エミックとエティック――言語研究における概念を文化研究に援用し、「内側」の視点と「外側」の視点を対比する」、山下晋司／船曳建夫編『文化人類学キーワード 改訂版』（有斐閣双書Keyword series）所収、有斐閣、二〇〇八年、八―九ページ
古賀正義『〈教えること〉のエスノグラフィー――「教育困難校」の構築過程』（「認識と文化」第十二巻）、

金子書房、二〇〇一年
児島明『ニューカマーの子どもと学校文化――日系ブラジル人生徒の教育エスノグラフィー』勁草書房、二〇〇六年
小杉礼子『フリーターという生き方』勁草書房、二〇〇三年
久保田裕之「家族定義の可能性と妥当性――非家族研究の系譜を手がかりに」、ソシオロジ編集委員会編「ソシオロジ」第五十五巻第一号、社会学研究会、二〇一〇年、三―一九ページ
Lewis, Oscar, *Five families; Mexican case studies in the culture of poverty*, Basic Books 1959（オスカー・ルイス『貧困の文化――メキシコの〈五つの家族〉』高山智博／染谷臣道／宮本勝訳〔ちくま学芸文庫〕、筑摩書房、二〇〇三年）
益田仁「若年非正規雇用労働者と希望」、日本社会学会編「社会学評論」第六十三巻第一号、日本社会学会、二〇一二年、八七―一〇五ページ
松木洋人『子育て支援の社会学――社会化のジレンマと家族の変容』新泉社、二〇一三年
松木洋人「家族定義問題の終焉――日常的な家族概念の含意の再検討」、日本家族社会学会編「家族社会学研究」第二十五巻第一号、日本家族社会学会、二〇一三年、五二―六三ページ
McDowell, Linda, *Redundant Masculinities?: Employment Change and White Working Class Youth*, Wiley-Blackwell, 2003.
耳塚寛明「生徒文化の分化に関する研究」、日本教育社会学会編集委員会編「教育社会学研究」第三十五集、東洋館出版社、一九八〇年、一一一―一二二ページ
宮崎あゆみ「ジェンダー・サブカルチャーのダイナミクス――女子高におけるエスノグラフィーをもとに」、日本教育社会学会編集委員会編「教育社会学研究」第五十二集、東洋館出版社、一九九三年、

一五七―一七七ページ
宮崎あゆみ「ジェンダー・サブカルチャー――研究者の枠組みから生徒の視点へ」、志水宏吉編著『教育のエスノグラフィー――学校現場のいま』所収、嵯峨野書院、一九九八年、二七五―三〇三ページ
盛満弥生「学校における貧困の表れとその不可視化――生活保護世帯出身生徒の学校生活を事例に」、日本教育社会学会編集委員会編「教育社会学研究」第八十八集、東洋館出版社、二〇一一年、二七三―二九四ページ
Muggleton, David and Weinzierl, Rupert eds., *The Post-subcultures reader*, Berg Publishers, 2003.
中村瑛仁「教員集団内における教職アイデンティティの確保戦略――アイデンティティ・ワークの視点から」、日本教育社会学会編集委員会編「教育社会学研究」第九十六集、東洋館出版社、二〇一五年、二六三―二八二ページ
中西新太郎／高山智樹編『ノンエリート青年の社会空間――働くこと、生きること、「大人になる」ということ』大月書店、二〇〇九年
中西祐子「フェミニストポスト構造主義とは何か――経験的研究手法の確立に向けての一考察」、武蔵社会学会編「ソシオロジスト――武蔵社会学論集」第六巻第一号、武蔵社会学会、二〇〇四年、一八五―二〇三ページ
難波功士『族の系譜学――ユース・サブカルチャーズの戦後史』青弓社、二〇〇七年
難波功士『ヤンキー進化論――不良文化はなぜ強い』(光文社新書)、光文社、二〇〇九年
仁平典宏「政治変容――新自由主義と市民社会」、坂本治也編『市民社会論――理論と実証の最前線』所収、法律文化社、二〇一七年
西田芳正「文化住宅街の青春――低階層集住地域における教育・地位達成」、谷富夫編『ライフ・ヒスト

リーを学ぶ人のために』所収、世界思想社、一九九六年
西田芳正『排除する社会・排除に抗する学校』大阪大学出版会、二〇一二年
西村貴直『貧困をどのように捉えるか――H・ガンズの貧困論』春風社、二〇一三年
西躰容子「「ジェンダーと学校教育」研究の視角転換――ポスト構造主義的展開へ」、日本教育社会学会編集委員会編「教育社会学研究」第六十二集、東洋館出版社、一九九八年、五―二二ページ
野村哲也「都市高校生の生活態度と価値観――その分化と学校差」、日本教育社会学会編集委員会編「教育社会学研究」第二十二集、東洋館出版社、一九六七年、七〇―八八ページ
尾川満宏「地方の若者による労働世界の再構築――ローカルな社会状況の変容と労働経験の相互連関」、日本教育社会学会編集委員会編「教育社会学研究」第八十八集、東洋館出版社、二〇一一年、二五一―二七一ページ
尾川満宏「「地元」労働市場における若者たちの「大人への移行」――社会化過程としての離転職経験」「広島大学大学院教育学研究科紀要 第三部 教育人間科学関連領域」第六十一号、広島大学大学院教育学研究科、二〇一二年、五七―六六ページ
奥村隆「階級社会の再生産における「文化」のふたつの様態――「生活世界の再生産」の視座から」、庄司興吉編『再生産と自己変革――新しい社会理論のために』（叢書・現代の社会科学）所収、法政大学出版局、一九九四年、二一三―二四一ページ
大多和直樹『高校生文化の社会学――生徒と学校の関係はどう変容したか』有信堂高文社、二〇一四年
大山昌彦「ダンシング・イン・ザ・ストリート――茨城県A市におけるロックンロールをめぐる民族誌」、東京都立大学社会人類学会編「社会人類学年報」第二十四巻、弘文堂、一九九八年、二九―五一ページ

大山昌彦「暴走族文化の継承――祭り・改造車・ロックンロール」、五十嵐太郎編著『ヤンキー文化論序説』所収、河出書房新社、二〇〇九年、一八五―二〇一ページ

Pascoe, C. J., "Dude, You're a Fag': Adolescent Masculinity and the Fag Discourse," *Sexualities*, 8(3) , 2005, pp. 329-346.

Sacks, Harvey, "Hotrodder: A Revolutionary Category," in George Psathas ed., *Everyday Language: Studies in Ethnomethodology*, Irvington Publisher,1979, pp. 23-53.（ハロルド・ガーフィンケル「ホットロッダー――革命的カテゴリー」、ハロルド・ガーフィンケルほか『エスノメソドロジー――社会学的思考の解体』所収、山田富秋／好井裕明／山崎敬一編訳、せりか書房、一九八七年、二一―四〇ページ）

さいたまユースサポートネット『子どもの学習支援事業の効果的な異分野連携と事業の効果検証に関する調査研究事業報告書』さいたまユースサポートネット、二〇一七年

齋藤直子『結婚差別の社会学』勁草書房、二〇一七年

斎藤環『世界が土曜の夜の夢なら――ヤンキーと精神分析』角川書店、二〇一二年

斎藤環／都築響一／椹木野衣／増田聡／飯田豊／石岡良治／卯城竜太／櫛野展正／津口在五、鞆の津ミュージアム監修『ヤンキー人類学――突破者たちの「アート」と表現』フィルムアート社、二〇一四年

酒井朗編著『進学支援の教育臨床社会学――商業高校におけるアクションリサーチ』勁草書房、二〇〇七年

桜井哲夫『不良少年』（ちくま新書）、筑摩書房、一九九七年

佐々木洋成「価値規範と生活様式――ヤンキー少年に見る職業・進路選択の契機」、関東社会学会機関誌編集委員会編「年報社会学論集」第十三号、関東社会学会、二〇〇〇年、二三九―二五一ページ

佐藤郁哉『暴走族のエスノグラフィー――モードの叛乱と文化の呪縛』新曜社、一九八四年
佐藤郁哉『ヤンキー・暴走族・社会人――逸脱的ライフスタイルの自然史』新曜社、一九八五年
佐藤俊樹『不平等社会日本――さよなら総中流』(中公新書)、中央公論新社、二〇〇〇年
志水宏吉『学校文化の比較社会学――日本とイギリスの中等教育』東京大学出版会、二〇〇二年
清水睦美「教室における教師の「振る舞い方」の諸相――教師の教育実践のエスノグラフィー」、日本教育社会学会編集委員会編「教育社会学研究」第六十三集、東洋館出版社、一九九八年、一三七―一五六ページ
白石義郎「「生徒のサブ・カルチャー」再考――パラダイムによる理論化への試論」、日本教育社会学会編集委員会編「教育社会学研究」第三十一集、東洋館出版社、一九七六年、一五三―一六三ページ
末冨芳編著『子どもの貧困対策と教育支援――より良い政策・連携・協働のために』明石書店、二〇一七年
杉田真衣『高卒女性の12年――不安定な労働、ゆるやかなつながり』大月書店、二〇一五年
須長史生『ハゲを生きる――外見と男らしさの社会学』勁草書房、一九九九年
庄司洋子「家族生活と生活福祉」、一番ケ瀬康子/尾崎新編著『生活福祉論』(「講座生活学」第七巻)所収、光生館、一九九四年、二三―四七ページ
田渕六郎「主観的家族論――その意義と問題」、ソシオロゴス編集委員会編「ソシオロゴス」第二十号、ソシオロゴス編集委員会、一九九六年、一九―三八ページ
多賀太『男性のジェンダー形成――〈男らしさ〉の揺らぎのなかで』東洋館出版社、二〇〇一年
多賀太『男らしさの社会学――揺らぐ男のライフコース』(Sekaishiso semina)、世界思想社、二〇〇六年
多賀太編著『揺らぐサラリーマン生活――仕事と家庭のはざまで』ミネルヴァ書房、二〇一一年

竹石聖子「「地元」で生きる若者たち」、乾彰夫編、東京都立大学「高卒者の進路動向に関する調査」グループ『18歳の今を生きぬく――高卒1年目の選択』(Aoki 教育 library) 所収、青木書店、二〇〇六年
武内清「高校における学校格差文化」、日本教育社会学会編集委員会編「教育社会学研究」第三十六集、東洋館出版社、一九八一年、一三七―一四四ページ
武内清「女子の生徒文化の特質」、日本教育社会学会編集委員会編「教育社会学研究」第四十集、東洋館出版社、一九八五年、二三―三四ページ
竹内洋『日本のメリトクラシー――構造と心性』東京大学出版会、一九九五年
田中治彦『ユースワーク・青少年教育の歴史』東洋館出版社、二〇一五年
田中研之輔『都市に刻む軌跡――スケートボーダーのエスノグラフィー』新曜社、二〇一六年
Thornton, Sarah, *Club cultures: Music, media, and subcultural capital*, Wesleyan University Press, 1996.
鶴田幸恵「言明されていないカテゴリー使用を見る――セクシュアル・ハラスメントの会話における性別カテゴリー」、関東社会学会編集委員会事務局編「年報社会学論集」第十九号、関東社会学会、二〇〇六年、三七―四八ページ
鶴田幸恵/小宮友根「人びとの人生を記述する――「相互行為としてのインタビュー」について」、ソシオロジ編集委員会編「ソシオロジ」第五十二巻第一号、社会学研究会、二〇〇七年、二一―三六ページ
筒井美紀/阿部真大「文化は労働につれ、労働は文化につれ――ヤンキー文化とブルーカラー労働の相互関係を事例に」、広田照幸編著『若者文化をどうみるか?――日本社会の具体的変動の中に若者文化を定位する』所収、アドバンテージサーバー、二〇〇八年、一七八―一九六ページ
内田龍史「強い紐帯の弱さと強さ――フリーターと部落のネットワーク」、部落解放・人権研究所編『排除される若者たち――フリーターと不平等の再生産』部落解放・人権研究所、二〇〇五年、一七八―

一九九ページ
打越正行「仕事ないし、沖縄嫌い、人も嫌い――沖縄のヤンキーの共同性とネオリベラリズム」、社会理論・動態研究所編「理論と動態」第一号、社会理論・動態研究所、二〇〇八年、二一―三八ページ
打越正行「〈地元〉の不変性とダイナミズム――〈地元〉周縁に生きる沖縄の下層若者から」、社会理論・動態研究所「理論と動態」第三号、社会理論・動態研究所、二〇一〇年、一九―三七ページ
打越正行「沖縄の暴走族の文化継承過程と〈地元〉――パシリとしての参与観察から」、首都大学東京・都立大学社会学研究会編「社会学論考」第三十二号、首都大学東京・都立大学社会学研究会、二〇一一年、五五―八一ページ
打越正行「建築業から風俗営業へ――沖縄のある若者の生活史と〈地元〉つながり」、日本解放社会学会編「解放社会学研究」第二十六号、日本解放社会学会、二〇一二年、三五―五八ページ
上原健太郎「ネットワークの資源化と重層化――沖縄のノンエリート青年の居酒屋経営を事例に」、日本教育社会学会編集委員会編「教育社会学研究」第九十五集、東洋館出版社、二〇一四年、四七―六六ページ
上間陽子「現代女子高校生のアイデンティティ形成」、日本教育学会機関誌編集委員会編「教育学研究」第六十九第三号、日本教育学会、二〇〇二年、三六七―三七八ページ
上間陽子『裸足で逃げる――沖縄の夜の街の少女たち』（ａｔプラス叢書）、太田出版、二〇一七年
上間陽子「家族をつくる――沖縄のふたつの女性の調査から」「現代思想」二〇一七年十一月号、青土社、一一二―一二二ページ
上床弥生「中学校における生徒文化とジェンダー秩序――「ジェンダー・コード」に着目して」、日本教育社会学会編集委員会編「教育社会学研究」第八十九集、東洋館出版社、二〇一一年、二七―四八ペー

ジ
Loïc, J. D. Wacquant, *Body & Soul: Notebooks of an Apprentice Boxer*, Oxford University Press, 2004.（ロイック・ヴァカン『ボディ&ソウル――ある社会学者のボクシング・エスノグラフィー』田中研之輔／倉島哲／石岡丈昇訳、新曜社、二〇一三年）
Williams, Raymond, *Keywords: A Vocabulary of Culture and Society*, Revised Version, Harper Collins, [1976] 1983.（レイモンド・ウィリアムズ『完訳キーワード辞典』椎名美智／武田ちあき／越智博美／松井優子訳〔平凡社ライブラリー〕、平凡社、二〇一一年、一四四ページ）
Willis Paul E., *Learning to Labour: how working class kids get working class jobs*, Saxon House, 1977.（ポール・ウィリス『ハマータウンの野郎ども』熊沢誠／山田潤訳〔ちくま学芸文庫〕、筑摩書房、一九九六年）
Wilson, J. William, *The Truly Disadvantaged: The Inner City, the Underclass, and Public Policy*, The University of Chicago Press, 1987.（ウィリアム・ジュリアス・ウィルソン『アメリカのアンダークラス――本当に不利な立場に置かれた人々』青木秀男監訳、平川茂／牛草英晴訳〔明石ライブラリー〕、明石書店、一九九九年）
Woods, Peter., ed., *Pupil Strategies: Explorations in the Sociology of the School*, Croom Helm Limited, 1980.
山田昌弘「「家族であること」のリアリティ」、好井裕明編『エスノメソドロジーの現実――せめぎあう〈生〉と〈常〉』(Sekaishiso seminar) 所収、世界思想社、一九九二年、一五一―一六六ページ
山田昌弘「家族神話は必要か？――第二の近代の中の家族」、日本家族社会学会編「家族社会学研究」第十六巻第二号、日本家族社会学会、二〇〇五年、一三―二二ページ

米川英樹「高校における生徒下位文化の諸類型」、大阪大学人間科学部編「大阪大学人間科学部紀要」第四号、大阪大学人間科学部、一九七八年、一八三―二〇八ページ
吉田美穂「「お世話モード」と「ぶつからない」統制システム――アカウンタビリティを背景とした「教育困難校」の生徒指導」、日本教育社会学会編集委員会編「教育社会学研究」第八十一集、東洋館出版社、二〇〇七年、八九―一〇九ページ
湯浅誠／冨樫匡孝／上間陽子／仁平典宏編著『若者と貧困――いま、ここからの希望を』(「若者の希望と社会」第三巻)、明石書店、二〇〇九年
湯澤直美「現代家族と子どもの貧困――「孤立のなかにある家族」から「つながり合う家族」へ」、浅井春夫／松本伊智朗／湯澤直美編『子どもの貧困――子ども時代のしあわせ平等のために』所収、明石書店、二〇〇八年、二一六―二七三ページ

〈ウェブサイト〉

湯浅誠「子ども食堂2,200箇所超える 2年で7倍以上 利用する子どもは年間延べ１００万人超」「1ミリでも進める子どもの貧困対策」(https://news.yahoo.co.jp/byline/yuasamakoto/20180403-00082530/)［二〇一八年七月二日アクセス］
湯浅誠「名づけ親が言う「こども食堂」は「こどもの食堂」ではない」「1ミリでも進める子どもの貧困対策」(https://news.yahoo.co.jp/byline/yuasamakoto/20160724-00060184/)［二〇一八年七月二日アクセス］
Look vise, Inc.「インキャラ」「日本語俗語辞書」(http://zokugo-dict.com/02i/incara.htm)［二〇一七年三月八日アクセス］

初出一覧

本書は、二〇一六年に大阪大学大学院人間科学研究科へ提出した博士論文「〈ヤンチャな子ら〉の大人への移行——ヤンキー集団内部における二つの経路」を加筆・修正したものである。各章のもとになった論文は、以下のとおりである。

第1章　大前敦巳／石黒万里子／知念渉「文化的再生産をめぐる経験的研究の展開」、日本教育社会学会編集委員会編「教育社会学研究」第九十七集、東洋館出版社、二〇一五年、一二五—一六四ページ（知念が担当した「第4節　ウィリスの文化的再生産論」を大幅に加筆・修正している。）

第2章　知念渉「〈ヤンチャな子ら〉の学校経験——学校文化への異化と同化のジレンマのなかで」、日本教育社会学会編集委員会編「教育社会学研究」第九十一集、東洋館出版社、二〇一二年、七三—九四ページ

第3章　知念渉「〈インキャラ〉とは何か——男性性をめぐるダイナミクス」、日本教育社会学会編集委員会編「教育社会学研究」第百集、東洋館出版社、二〇一七年、三二五—三四五ページ

第4章　知念渉「「貧困家族であること」のリアリティ——記述の実践に着目して」、日本家族社会学会編「家族社会学研究」第二十六巻第二号、日本家族社会学会、二〇一四年、一〇二—一一三ページ（日本家

族社会学会賞〔奨励論文賞〕第七回受賞論文）

なお、本書は、科学研究費補助金の助成を受けた研究課題「生徒類型別にみる学校から仕事への移行経路の差異と共通性」（15K17383）と「分断社会における〈不良少年〉像の解明」（18K13093）の成果の一部である。

あとがき

大学に入学して問もない頃、とても戸惑った経験がある。小学校の教師を目指して進学した教育学部の授業で周りの友人・知人と意見交換をしたときのことだ。はっきりと覚えているわけではないが、大学の授業では「理想の教師とは何か」「教師になりたいと思ったのはなぜか」「いい授業とはどんなものか」などのお題について話し合う、という機会が多かった。そういう意見交換を通じて周りの人がもっている生徒観をおぼろげながら知るわけだが、それが当時の私にはとても「優等生的なもの」に感じた。「こんな教師がいたら生徒に好かれると思う！」とか「こんな授業をしたら魅力的なんじゃないか」という友人たちの意見に対して、当時の私は「教師は教師であるという時点で、授業は授業であるという時点で、生徒にとって魅力的なものにするのは無理だろう」という冷笑的な態度をとっていた。

いまから振り返れば、そうしたズレは私が生まれ育ってきた軌跡と、学友たちの軌跡の違いに原因があったのだと思う。私は、沖縄県の玉城村（現・南城市）という農村部で生まれ育ち、親や親戚をはじめとする身近な大人に大卒者はいなかった。周りにいた大人や先輩、友人たちの多くは、高校卒業後あるいは中学校卒業後に農業や畜産、運輸業に携わっていた。そのような環境から、自分自身もきっと高校を卒業したら働くものだと思っていたので、高校では「遊び尽くす」と考えて、進学校ではなく中堅校に進んだ。実際、高校一年生から二年生まではかなり遊びほおけていたのだが、いろいろな偶然が重なって、高校三年生のときに一念発起し、地元の国立大学に進学することになった。一方、大学で出会った友人たちの多くは、親が教員や公務員だったり沖縄の一流企業に勤めていて、進学校を経て大学に入学してきていた。このような生まれ育った環境の違いから、生徒観のズレが生じていたことは想像にかたくない。

ただ、いまだからそう整理できるわけで、当時の私にはそうしたモヤモヤを簡単にぬぐい去ることはできなかった。「優等生的なもの」を批判しながらも「なんだかんだ言って、結局、国立大学に進学した」自分自身に嫌気がさしていたし、「教師になりたい」と考える以上、自分の冷笑的な態度が自己矛盾を抱えていることにも気づいていた。議論の最中に周りから「友達の話ばっかりで、自分のことじゃないじゃん」と言われても、何も言い返せなかった。「大学になんて進学しなければよかった」「大学を辞めてしまおうか」と悩んだことも一度や二度ではない。だが、辞める決断ができないから、また鬱積してしまう。さらに言えば、大学での言葉遣いなどになじんでいくなかで、高校までの友人たちと距離ができてきたことも体感していた。大学生の自分探しと言ってしまえばそれまでだが、大学に入って一年くらいはそのような堂々巡りの状態が続いた。

そうしたモヤモヤを払拭できたのは、大学二年生になって、佐藤郁哉の『暴走族のエスノグラフィー――モードの叛乱と文化の呪縛』（新曜社、一九八四年）やポール・ウィリスの『ハマータウンの野郎ども』（熊沢誠／山田潤訳〔ちくま学芸文庫〕、筑摩書房、一九九六年）、ディック・ヘブディジの『サブカルチャー――スタイルの意味するもの』(山口淑子訳、未来社、一九八六年)に出合えたことが大きい。当時の自分がどこまで理解できていたのかは心許ないし実際通読しなかった(できなかった)のだが、こういう研究もあるのか、こういう研究がアリなら自分も大学での勉強に取り組めるかもしれないと思える契機になった。その後、結局のところ大学院にまで進み、現在は大学で働いている。

このように経緯をあらためて振り返ると、私にとって「ヤンキー」とは、とても身近だったのに、大学進学を機に突然「絶対に同一化できない/してはいけない他者」になってしまった存在なのだと思う。こういった言い方が許されるなら、「ありえた(が、もう選びえない)もう一つの生き方」と言ってもいいかもしれない。本書のもとになった調査をするようになってから、いろいろな機会(大学の採用面接でも!)に「知念さんはヤンキーだったんですか?」と問われるのだが、その問いに私が肯定も否定もできずに言いよどんでしまうのは、ヤンキーに対してそうしたアンビバレンツな感情をもっているからだ。

ただし、こうした経験はあくまでも調査のきっかけだ。実際に調査をするなかでは、こうした自分の経験や思いはおごりに転化する危険性がある。当然のことながら、協力してくれた調査対象者を安易に理解できた気になる、ということは調査者が最も避けなければならない事態である。十歳ほど年が離れていて生まれ育った地域も異なる〈ヤンチャな子ら〉を理解しきることはできないだろうが、それでも私が、彼らの生活世界をかろうじて理解し表現するとすれば、それはどのようにして可能か。そう考えて、可能なかぎり細心の注意を払い、調査・分析・記述をおこなってきたつもりである。実際にそれができているかどうかは読者の判断に委ねるほかないが、多少なりとも達成できていることを祈るばかりである。

＊

本書を書き上げるうえで、いろいろな方々にお世話になりました。この場を借りて、感謝を申し上げます。

まず、本書の主役である〈ヤンチャな子ら〉へ。教師のようで教師でない私が、後ろからついてきて一緒に過ごそうとしたり、普段は尋ねられないようなことをいろいろ聞いたりしたので、はじめはきっとわけがわからず不気味だったと思います。そんな私の話を聞いてくれて、質問に答えてくれて、付き合ってくれて、ありがとうございました。一度受け入れてくれると、「約束やからな」とインタビューなどに応じてくれる義理堅さに本当に助けられました。これからも、よろしく。

〈ヤンチャな子ら〉と出会うことができたのは、X高校の校長先生をはじめ、教員の方々が私を受け入れてくれたからにほかなりません。校長先生には、まだ大学院に入学したばかりで問題意識を説明することもおぼつかない私を、X高校に招き入れてくださいました。学校で調査をすることが非常に難しくなっている昨今のような状況のなか、X高校で調査できたのは校長先生のおかげです。

また、いまから振り返れば、教員でも生徒でもない私が〈ヤンチャな子ら〉と関わることで、X高校の先生方には様々な局面で多大なご迷惑をおかけしたのではないかと思います。にもかかわらず、先生方は、職員室に私の席を用意してくださり、そこでいろいろな話を聞かせてくださいました。職員室で時間を過ごせたことは、いまから振り返っても、とても貴重な経験だったと感じています。あらためて感謝を申し上げます。

調査で得られた成果を文章にまとめていく段階でも、様々な方にお世話になりました。

修士課程から博士課程までの指導教員である志水宏吉先生からは、フィールドでの振る舞い方から論文の書き方まで様々なことを学ばせていただきました。とくに私が印象に残っているのは（先生は覚えていないかもしれませんが）、X高校で調査をし始めて半年ほどたった頃に修士論文の構想について相談したときのことです。「X高校の生徒を六類型に分けて、それぞれの特徴を描く」という構想を私が話した際、先生は「そうなると、一つひとつが薄くなるで。それでもええけど、一つか二つに絞って深く掘り下げるのもええんちゃうか」という趣旨の助言をくださいました。その助言は、私の研究の大きな分岐点になりました。

本書のもとになった博士論文の副査を引き受けてくださった近藤博之先生、木村涼子先生、髙田一宏先生にもお礼を申し上げます。

近藤先生には、博士論文だけでなく、ピエール・ブルデューの社会理論や対応分析について、多数の助言をいただきました。自分が何がわからないかさえわからない状態で先生の部屋をノックする、という大変失礼なことを繰り返していた私に対して、先生はそのたびに丁寧に説明をして、文献を紹介してくださいました。木村先生は、内容についての指導に加えて、様々な場面で励ましの言葉をいただきました。先生と話していると、優しい言葉に励まされると同時に、「なぜ研究をするのか」という問いに立ち返ってフィールドと向き合う重要性にあらためて気づかされます。髙田先生からは、フィールドにいる方々が透けて見えるような指摘を何度もいただきました。フィールドで得られた経験を先行研究の知見に安易に接続させようとする私に、地に足を着けて考える重要性を教えてくださいました。

制度的な関係ではなかったのですが、関西大学の多賀太先生には、「男性というジェンダー」について考える視点を教えていただきました。修士課程の頃に、男性である私がジェンダーについて考えるとはどういうことか（安易に男女を比較することではないはずだ）と悩んでいたとき、多賀先生はその道標を与えてくださいました。その後、直接の指導学生でないにもかかわらず、マスキュリニティに関わる英語論文の講読や論文の指導、研究の悩みの相談など、多岐にわたりお世話になりました。

大阪府立大学の西田芳正先生からは、地域を調査する、若者を調査する、とはどういうことかについて、学会や懇親会などの場で様々な助言をいただきました。ともすれば学校の外側にある力学を看過しがちな教育研究を相対化することの重要性を教えてくださいました。本書は西田先生の研究に大きく依拠しています。

琉球大学の上間陽子先生と長谷川裕先生に出会っていなければ、私が大学院に進学することはありえませんでした。当時、赴任してきたばかりの上間先生の授業でサブカルチャー研究や生徒文化研究に出合い、大学生活のあり方が大きく変わりました。私が「大学院にいきたい。結婚しようと思う」とわけのわからないことを言いだしたとき、先生は必死で、大学院生が置かれている現状を説明して引き留めてくれました。結局、私は大学院に進学し結婚もしたわけですが、先生が細かく丁寧に説明してくれたからこそ、将来に向けてのいろいろな方策をとることができました。長谷川先生は、大学院を受験することが決まってから、英語の指導に加え、社会学・教育学の重要文献リストを作成してくれました。いまから振り返れば、かなりの時間を割いてくださっていたはずです。本当にありがとうございました。

上間先生と長谷川先生に山田哲也先生を紹介していただいたのがきっかけで、大阪大学人間科学研究科に進学することになりました。その一年後に一橋大学に異動したため、山田先生の指導を直接受ける機会は残念ながらそれほど多くはありませんでしたが、研究会や学会でお会いするたびに声をかけてくださり、相談にも乗ってくださいました。修士論文やその他の論文についても、メールなどで助言をいただくこともありました。ありがとうございました。

さらに、同世代の研究者からも様々なサポートを得ることができました。修士課程の頃から同期だった中村瑛仁さん、芝野淳一さんをはじめ、教育文化学研究室の先輩・後輩の方々にも感謝を申し上げます。研究室のメンバーとは、夜遅くにくだらない話をしたりしたことがいちばん心に残っていますが、研究の話もしたし、何よりも多大な時間をともに過ごしているので、無意識にいろいろな影響を受けていると思います。研究室の方々のおかげで、大学院入学以前にイメージしていた孤独な研究生活とは程遠い、にぎやかで楽しい大学院生活を送ることができました。

研究室以外でも、打越正行さん、山口季音さん、寺町晋哉さん、伊藤秀樹さん、尾川満宏さん、都島梨紗さん、鈴木翔さん、内田康弘さんをはじめ、いろいろな方と様々な場で議論をしましたので、そこでなされた指摘が本書に反映されている部分は少なくありません。また、野村駿さんと近藤凜太朗さんには、草稿を読んでいただき、丁寧なコメントをいただきました。これからも同世代の研究者として、ともに教育問題にいろいろな形で取り組んでいければと思っています。

博士論文をリライトし出版する際には、青弓社の矢野未知生さんに大変お世話になりました。博士論文の学術性を尊重しながらも、広く読まれるような文章にするためにはどうすればいいのかという観点から、矢野さんには様々な助言をいただきました。本書が少しでも読みやすくなっているとすれば、それは矢野さんのおかげです。ありがとうございました。

最後に家族に感謝を。経済的には決して豊かではなかったにもかかわらず、私が「大学にいきたい」と言ったとき否定をせずに受け入れてくれて、ありがとうございました。私が大学に進学することができたのは、家計を支えてくれた母と、なにかと知的好奇心をくすぐる父の存在が大きいと思います。また、定位家族の存在だけでは、私は大学院に進学することさえできなかったはずです。それでも進学できたのは、連れ合いのよしえが経済的にも精神的にも支えてくれたからです。よしえがいなければ、いまのようにはなっていなかっただろうと切実に思います。本当にありがとう。本書を執筆するなかで、どうしても家族との時間を削らざるをえなかったので、よつばと夏はがまんをいっぱいしてくれました。ありがとう。

二〇一八年十一月二十三日

知念 渉

［著者略歴］
知念 渉（ちねん あゆむ）
1985年、沖縄県生まれ
大阪大学大学院人間科学研究科准教授
専攻は教育社会学、家族社会学
共著に『ひとりもとりこぼさない学校へ――部落、貧困、障害、外国ルーツの若者の語りから』（岩波書店）、『基礎からわかる社会学研究法――具体例で学ぶ研究の進めかた』『現場で使える教育社会学――教職のための「教育格差」入門』（ともにミネルヴァ書房）、共訳書にトニー・ベネットほか『文化・階級・卓越化』（青弓社）など

〈ヤンチャな子《こ》ら〉のエスノグラフィー
ヤンキーの生活世界を描き出す

発行――2018年12月27日　第1刷
2025年 4 月22日　第5刷
定価――2400円＋税
著者――知念 渉
発行者――矢野未知生
発行所――株式会社青弓社
〒162-0801 東京都新宿区山吹町337
電話 03-3268-0381（代）
https://www.seikyusha.co.jp
印刷所――三松堂
製本所――三松堂

ISBN978-4-7872-3445-2　C0036